名家精译史学经典

国语选译

邬国义　胡果文　译注

长江出版传媒｜崇文书局

图书在版编目（CIP）数据

国语选译 / 郭国义，胡果文译注. -- 武汉 : 崇文书局，2022.2（2023.3重印）
（名家精译史学经典）
ISBN 978-7-5403-5290-5

Ⅰ. ①国… Ⅱ. ①郭… ②胡… Ⅲ. ①中国历史－春秋战国时代－史籍②《国语》－注释③《国语》－译文
Ⅳ. ①K225.04

中国版本图书馆CIP数据核字（2021）第242607号

策　　划　叶　蓬
责任编辑　李少华　程可嘉
封面设计　九　光
责任校对　董　颖
责任印制　李佳超

国语选译
GUOYU XUANYI

出版发行　长江出版传媒｜崇文书局
地　　址　武汉市雄楚大街268号C座11层
电　　话　(027)87677133　邮政编码　430070
印　　刷　武汉精一佳印刷有限公司
开　　本　880mm×1230mm　1/32
印　　张　6.25
字　　数　158千
版　　次　2022年2月第1版
印　　次　2023年3月第2次印刷
定　　价　43.00元

出版说明

“名家精译史学经典”丛书是为中国史学爱好者提供的一套普及型史学读物，它包括中国首部国别史《国语》、中国首部编年史《左传》、先秦历史散文的杰作《战国策》、二十四史中水准最高的“前四史”《史记》《汉书》《后汉书》《三国志》和规模空前的编年体通史巨著《资治通鉴》。这八种史书不只开创、确立了国别体、编年体、纪传体等不同的史书体裁，而且在史识、史裁、叙事技巧、语言艺术等方面也颇有建树，影响广泛而深远，历来被视为中国史学的经典，是学习中国历史必读的史籍。

由于原著大多卷帙浩繁，从读选本入手就成为史学爱好者的普遍选择。在众多的选本版本中，我们经过权衡比较，遴选了这些由名家选注的、且历经时间检验和学识文笔俱佳的选本。

这些从民国至今不同年代的选本，其选注者既有功力深厚的老辈学人，也有治学严谨的当代学者。其年代跨度之大，学者风格之鲜明，是目前同类丛书中仅见的。整套书所呈现出的丰富的文化意蕴和多元的学术风格，一定会给读者带来别样的阅读兴味。

秦同培先生是民国初期的教育家、民国时期三大出版机构之一的世界书局的老编辑。他译注的《史记选译》初版名为《史记评注读本》，由世界书局于 1924 年首次出版，后重版多次。1949 年后，该书又流传到港台地区，依然备受读者青睐。《汉书选译》和《后汉书选译》原为一本，初版名为《汉书评注读本》，由世界书局于 1924 年首次出版。这几部作品虽已面世百年，但仍有独特的价值和鲜明的特点。其选篇别开生面，独具慧眼，大大拓展了读者的历史视野。特别是每篇的评语，尤显功力，散发着民国学者特有的、醇厚的古典气息，值得细细品读。

瞿蜕园先生是著述等身的文史大家，他在 20 世纪 50 年代致力于史学普及，出版了多种广受欢迎的史籍选本。他译注的《左传选译》由春明出版社于 1955 年首次出版。该选本“选择精审，译文畅达，注释简要”，上海古籍出版社于 1981 年重版。《资治通鉴选译》初版名为《通鉴选》，由古典文学出版社于 1957 年首次出版，这是《资治通鉴》的第一部选注本，从选篇、题解到注释都深具匠心，后曾一度再版。本次出版则特邀瞿氏弟子俞汝捷先生配写了晓畅雅洁的译文。

邬国义先生、胡果文先生译注的《国语译注》由上海古籍出版社于 1994 年首次出版。该选本内容丰赡，注释贴切，译文流畅，题解精辟，有研究者评该选本“译文很得《国语》原义，为《国语》各译注本中不可多得的佳作”。

赵丕杰先生译注的《战国策选译》由人民文学出版社于 1994 年首次出版。该选本“所选都是思想内容好，文学性较强的作品。历来为人传诵的名篇都包括在内，……力求能反映《战国策》的全貌”，是目前研究《战国策》的重要参考书。

陈稼禾先生译注的《三国志选译》初版名为《三国志菁华》，由上海教育出版社于2001年首次出版。该选本选篇全面精当，注释简明详实，译文通俗畅达，题解言简意赅，是一本十分适合初学者阅读的选本。

为帮助读者更好地阅读和欣赏这些古典巨著的佳妙之处，书中内容有前言、原文、译文、注释和评语或题解几大部分，这样的体例安排也给读者提供了很好的学习便利。

本丛书依据的底本为多年前的旧作，此次出版，底本中是繁体字竖排的，一律改为简体字横排；为便于今天的读者阅读，对个别底本中的部分译文作了重译；底本中有些词汇的使用与现代汉语规范不尽一致，为尊重作者的行文风格，没有按现代汉语规范统一修改；底本中所注的今地名，由于时代的变迁多有变化，今遵从原著，基本不作改动。限于水平，错误难免，恳请方家不吝赐教。

崇文书局

2021年11月

前言

《国语》是战国早期的作品，是先秦时期重要的典籍之一。全书始于西周穆王（约前 967 年），终于鲁悼公（前 453 年），以祭公谋父谏周穆王征犬戎开篇，而以智伯之亡为下限，包括了期间约五百年的历史。全书二十一卷，计有《周语》三卷、《鲁语》二卷、《齐语》一卷、《晋语》九卷、《郑语》一卷、《楚语》二卷、《吴语》一卷、《越语》二卷。其编排的次序，大体是“先王室而后列国，先诸夏而后蛮夷”，即按周与鲁、齐、晋、郑的关系，诸夏与蛮夷的关系而安排的。这多少透露了先秦孔子一派宗周尊王的思想，但它却打破了春秋时期各国国史的界限，而把周王朝与各诸侯国的史事汇合编排在一起，由此建构了西周末年以来的这段历史。现在我们见到的《国语》，多数学者认为是经由汉代人整理后编定的。据《汉书·艺文志》记载，汉代还有一个由刘向编定的《新国语》五十四篇，但这一系统的本子未能流传下来。又据《晋书·束皙传》载，西晋时汲郡的战国魏墓中曾出土过一批竹简，其中有“《国语》三篇，言楚晋事”，这大概是有关《国语》最早的出土文献，可惜后来又失传了。

一般认为，《国语》是我国最早的一部国别史。唐代刘知幾撰写《史通》，将唐以前的史著史体分为“六家”“二体”，《国语》被列为六家之一。据清人浦起龙的解释，《国语》乃“国别家也”。因此，历来都把它看作国别体的史书。《汉书·艺文志》称，“左史记言，右史记事，事为《春秋》，言为《尚书》”。《礼记·玉藻篇》则说：“动则左史书之，言则右史书之。”两种说法不尽相同，但不管如何，古代史官的职责，已有记言、记事的分工。就《国语》最重要的记言特征而言，它偏重于记述历史人物的言辞议论，其实更是一部古人言论的汇编，只是在形式上采取了按国别编排的方式。

我们知道，“语”是上古时代的一种著述形式。《国语·楚语上》中说，楚庄王要教育太子，大夫申叔时提出了九项教育类目，包括《春秋》《世》《诗》《礼》《乐》《令》《语》《故志》《训典》。其中，《语》的作用是“使明其德，而知先王之务用明德于民也”。有关“语”类之书，流传至今的有《论语》，《管子》中的《短语》，以及此后陆贾的《新语》、刘义庆的《世说新语》等。在先秦古籍中，也有不少征引“语”类书的情况。20世纪70年代中期，长沙马王堆三号汉墓出土的帛书中，曾发现有一种残损不全的《语》书，后来被定名为《春秋事语》。《国语》的性质，与此是相类似的。

《国语》的作者是谁？历来是一个聚讼纷纭的问题。旧传《国语》为左丘明所作，司马迁在《史记》中有“左丘失明，厥有《国语》”（《报任少卿书》）的说法，《汉书·艺文志》则称《左传》《国语》皆为左丘明所作。因《左传》相传也出于左丘明之手，于是就称《左传》为“春秋内传”，《国语》为“春秋外传”。

不过，这一说法后人多有异议。其主要的理由是，此书与《左传》相比较，在体例、内容以及文风方面都有相当大的区别。如宋代陈振孙《直斋书录解题》所说，它与《左传》相较，“事辞或多异同，文体亦不类”。说它出于同一作者，很难令人相信。尤其是近代以来“疑古”思潮兴起，更是对此提出了不少假说与论证。虽说迄今尚无定论,但现在一般倾向于认为《国语》的编纂并非出于一时一人之手，应该是春秋时代经各地史官众手集成的产物。

长期以来,《国语》一书被列入“经部春秋类”，以“准经典”的身份流传了近两千年。只是到了清乾隆年间修撰《四库全书》，才将它列入“史部杂史类”。由于该书保存的史料比较丰富，所记史实也比较详细生动，因此一直受到人们的推崇。书中记载了西周末年以来发生的重要历史事件，一些贤君贤相、重要政治人物的言论、行事。这些记载反映出春秋时代政治变化的轮廓轨迹，错综复杂的社会状态，显示出当时一些重要人物如何治国理政，他们的言行、举止及其精神风貌，其中包含了他们的处事原则、自我修养、道德操守，以及蕴含着的理性与古人的智慧。凡此，均是其史学价值的重要体现。

作为我国先秦时期的一部名著,《国语》的文辞向以优美著称，有“深闳杰异”（柳宗元语）之誉。从文体上看,《国语》尤擅长记言，语言古朴简明，说理充分，逻辑严密，可说是其最主要的特色。与《左传》偏重记事者不同,《国语》以记言为主，偏重于记述历史人物的言辞议论，叙述历史事件也往往通过对话来交代。而其记载也有相当成功的地方，其中不乏生动的故事、风趣的对话，可与《左传》相媲美。如《齐语》中记述管仲的政绩,《晋语》写重耳流亡而成就大业、描绘叔向的诸种行事,《吴语》中写夫差的事迹,《越语》中写勾践灭吴，无论是刻画人物性格，还是叙写场面、对话，都相当生动出色。它编写上的又一特点,是善于指陈当时具体的政治形势，往往在记一件事情之后，用简短的言语，指出这一事件的结果或历史发展的趋势。而在其叙事中，基本上都贯穿了“求多闻善败以鉴戒”的思想，即多方汲取历史上成败得失的往事，以作为现实的“鉴戒”。这表明自春秋以来传统的“鉴戒史观”的进一步发展。故从某种意义上说，《国语》又可说是先秦时期为教育贵胄及其子弟而编写的历史伦理教科书。

由于时代悬隔，言文的变迁，一般人要阅读《国语》，还是有较大的困难。在上世纪90年代，我们曾撰著过《国语译注》，是一种完整版的注释全译本，受到了读者的欢迎。此次出版选注本，我们作了一个新的尝试，即不再采用《国语》原来按国别编排的既定框架，而是在现代理解的意义上，为此选注本构建一个新的伦理学的架构系统。在全书二百四十三篇中，选出较具代表性而有意义的六十六篇，分别归入二十个重要的伦理范畴之下，加以标题，内容包括“以德为先”“以和为贵”“戒奢以俭”“举贤任贤”“民为邦本”“严于律己”“庄敬自强”“重义轻利”“志存高远”“持正不阿”“诚而有信”“教而有道”“廉洁自守”“从善如流”等。按此设计编排，所选文章篇数约占原来全书的四分之一左右，大体上已呈现出《国语》的基本概貌。读者在阅读原文时，可同时参考其中的注释与译文，以收到事半功倍、相得益彰的效果。

希望这一选注本的出版，能有助于广大读者进一步阅读《国语》，更好地理解先秦时代的这段历史，认知历史人物的行事作为与古人的智慧，以继承我们祖先留下的这份宝贵的历史遗产，继承中华民族的优秀传统，从中受到有益的启示和教育。

作者谨识

2020年7月

目录

一、以德为先

一、以德为先

俗话说，德高望重。一个人只有具备了高尚的德行，才能克孚众望，得到他人由衷的敬重。但《国语》所论及的德，并不是一般意义上的道德，而主要是为政者之德。作为一部以史为鉴，训诫统治阶级子弟的伦理学教科书，《国语》阐发的要义在于，为政者必须以德为先，把它作为修身齐家、治国平天下的根本，本节所选的三篇短文，主旨即在于此。

第一篇《单襄公论晋周将得晋国》选自《国语》卷三《周语》。单襄公是周天子的大夫，当时适逢晋国发生内乱，晋公子周被迫流亡到周室避难。单襄公在与公子周的交往中，观察到他站不歪身，目不斜视，听不侧耳，言不高声，而且具备了敬、忠、信、仁、义、智、勇、教、孝、惠、让等十一个方面的美德，因此在弥留之际对儿子说，我死后你一定要好好善待公子周，他迟早会成为晋国国君的。单襄公的话果然应验了，晋国国君厉公因残暴无道，被国人所弑，迎回公子周并拥立为新君。这篇短文全面列举了统治者应该努力具备的各个方面的美德，从而让统治阶级子弟有了明确的道德学习的目标。

第二篇《叔向论务德无争先》选自《国语》卷十四《晋语》。这篇短文说的是公元前546年，各诸侯国派代表在宋地聚会，准备签订停战的盟约。晋国与会的代表是正卿赵文子和大夫叔向。当时，楚国的代表坚持要求领先歃血盟誓，意欲争当诸侯国的领袖。叔向对赵文子说，能否当领袖，关键在于德行的高下，而不在于谁领先歃血。我们只有努力修德，才能挫败楚国的争霸图谋。赵文子同意叔向的观点，于是就让楚国代表先歃血。

这篇短文的精到之处，不仅在于深刻阐发了为政者必须以德为先的见解，还说明在国与国的关系中，道德的无形力量也是决定国力强弱的一个重要因素。

第三篇《叔向论忧德不忧贫》也选自《国语》卷十四《晋语》。说的是晋国大夫叔向有一次去见同僚韩宣子时，发现他正因自己贫困而忧愁。于是叔向向他道贺，并以晋国历史上具体的人与事，向他分析了君子忧德不忧贫的道理，使韩宣子听后豁然醒悟，深受教益。这篇短文深刻地剖析了财富与德行之间的关系，明确指出为政者只有以德为先，努力做到立身以德，治国以德，方能避免败亡，而常保个人、宗族和国家的昌盛。

今天的时代和社会虽然已发生了巨大变化，但这三篇短文中所揭示的为政者必须以德为先的观点在许多方面仍然没有过时，尤其对处在执政地位的政府各级官员具有现实的借鉴作用。

单襄公论晋周将得晋国

晋孙谈之子周适周[1]，事单襄公[2]，立无跛，视无还，听无耸，言无远；言敬必及天，言忠必及意，言信必及身，言仁必及人，言义必及利，言智必及事，言勇必及制，言教必及辩，言孝必及神，言惠必及和，言让必及敌；晋国有忧未尝不戚，有庆未尝不怡。

襄公有疾，召顷公而告之曰[3]："必善晋周，将得晋国。其行也文，能文则得天地。天地所胙，小而后国。夫敬，文之恭也；忠，文之实也；信，文之孚也；仁，文之爱也；义，文之制也；智，文之舆也；勇，文之帅也；教，文之施也；孝，文之本也；惠，文之慈也；让，文之材也。象天能敬，帅意能忠，思身能信，爱人能仁，利制能义，事建能智，帅义能勇，施辩能教，昭神能孝，慈和能惠，推敌能让。此十一者，夫子皆有焉。

“天六地五，数之常也。经之以天，纬之以地，经纬不爽，文之象也。文王质文，故天胙之以天下。夫子被之矣，其昭穆又近[4]，可以得国。且夫立无跛，正也；视无还，端也；听无耸，成也；言无远，慎也。夫正，德之道也；端，德之信也；成，德之终也；慎，德之守也。守终纯固，道正事信，明令德矣。慎成端正，德之相也。为晋休戚，不背本也。被文相德，非国何取！

“成公之归也[5]，吾闻晋之筮之也[6]，遇《乾》之《否》[7]，曰：‘配而不终，君三出焉。’一既往矣，后之不知，其次必此。且吾闻成公之生也，其母梦神规其臀以墨，曰：‘使有晋国，三而畀驩之孙[8]。’故名之曰‘黑臀’，于今再矣[9]。襄公曰驩，此其孙也。而令德孝恭，非此其谁？且其梦曰：‘必驩之孙，实有晋国。’其卦曰：‘必三取君于周。’其德又可以君国，三袭焉。吾闻之《大誓》，故曰：‘朕梦协朕卜，袭于休祥，戎商必克。’以三袭也。晋仍无道而鲜胄，其将失之矣。必早善晋子，其当之也。”

顷公许诺。及厉公之乱，召周子而立之，是为悼公。

[1] 晋孙谈：晋襄公的孙子，名谈。周：亦称公子周、公子纠。他在晋厉公死后，被晋大臣拥戴为君，即晋悼公，公元前572年至前558年在位。适：到，指公子周到周王室避乱。 [2] 事单襄公：事，侍奉。单襄公为周王室大夫，名单朝。韦昭注云“晋自献公用骊姬之谗诅，不畜群公子，故孙周适周事单襄公”。 [3] 顷公：单襄公的儿子。 [4] 昭穆：古代宗庙中的血缘位序名称，韦昭注云：“父昭子穆，孙复为昭。” [5] 成公之归：晋灵公去世后，晋大臣从周迎还襄公的弟弟黑臀为君，即晋成公，公元前606年至前600年在位。 [6] 筮：用蓍草占卦。 [7] 遇《乾》之《否》：得《乾》

卦，变卦为《否》卦。《乾》卦的上、下卦都是乾（☰），《否》卦的上卦为乾，下卦为坤（☷）。在占筮中，变卦反映事物发展、演变的趋向。乾代表天、君，变卦《否》的上卦亦为乾，表示成公是能当上国君的；而《否》的下卦变成了代表臣的坤，说明他的子孙不一定仍是国君，所以卜辞说“配而不终”。又因为《否》与《乾》相比变动了下卦的三卦，而晋的制度又是不当国君的公子不能留在国内，所以卜辞说“君三出焉”。［8］驩：晋襄公（晋文公的儿子）的名字。［9］于今再矣：晋成公去世后由其儿子据继位为景公，景公去世后由其子寿曼继位为厉公。即成公的子孙已二次继承国君之位，连成公本人已满三世。

晋国孙谈的儿子公子周来到周室，侍奉单襄公。他站不歪身，目不斜视，听不侧耳，言不高声；谈到敬必定连及上天，谈到忠必定连及心意，谈到信必定连及自身，谈到仁必定连及他人，谈到义必定连及利益，谈到智必定连及处事，谈到勇必定连及制约，谈到教必定连及明辨，谈到孝必定连及神灵，谈到惠必定连及和睦，谈到让必定连及同僚；晋国有忧患他总是为之悲戚，有喜庆他总是为之高兴。

单襄公病重，叫来儿子顷公告诉他说：“你一定要好好对待公子周，他将来会成为晋国的国君。他的品行可称得上‘文’，具有文德就会得到天地的保佑。有了天地的赐福，至少可成为国君。敬，是恭谦的美德；忠，是诚实的美德；信，是信用的美德；仁，是慈爱的美德；义，是节制的美德；智，是德行的寄托；勇，是德行的表率；教，是德行的教化；孝，是德行的源泉；惠，是德行的恩惠；让，是德行的运用。效法上天才能敬，遵循心意才能忠，反躬自省才能信，爱护他人才能仁，处处利人才能义，善于处事才能智，循义而行才能勇，明辨是非才能教，尊奉神灵才能孝，慈爱和睦才能惠，谦待同僚才能让。这十一个方面的优点，公子周都具备了。

“这十一正合天六、地五的常数。以天之六为经，以地之五为纬，十一与之毫不相差，这正是具备文德的表现啊。周文王具有文德，所以上天赐予他整个天下。公子周也具备了这样的德行，而且他与晋君的亲缘又接近，所以能继承君位。他站不歪身，是正；目不斜视，是端；听不侧耳，是成；言不高声，是慎。正，是德行的根本；端，是德行的凭据；成，是德行的归宿；慎，是德行的守护。守护牢固而归宿不偏，根本端正而行事有据，是明于美德的表现。慎、成、端、正，是德的辅助。为晋国高兴和悲戚，是不忘祖国。具备了美德又有善行辅助，不继承君位还得什么呢？

“晋成公回国继位时，我听说晋国占了一卦，得《乾》卦而变卦为《否》卦，卦辞说：‘德虽配天而不能长久保有，将有三个国君从周归国继位。’第一个是成公，已经当了国君，第三个是谁还不知道，第二个一定是公子周。我听说晋成公出生时，他的母亲梦见神在他的臀上画了个黑痣，说：‘让他成为晋君，三传之后把君位给予骓的曾孙。’所以给他取名为‘黑臀’，成公传下的君位已经历了两代。晋襄公名为骓，公子周就是他的曾孙。而且他具有谦恭孝敬的美德，不是他又是谁呢？况且那梦中说：‘必定是骓的曾孙，才能得到晋国。’那个卦辞说：‘一定三次从周迎还国君。’公子周的德行又能够君临国家，梦、卦、德三者都契合了。我听说周武王伐商誓词中说：‘我的梦与我的卦相符，又和吉祥的预兆相合，讨伐殷商必定能取胜。’也是因为梦、卦、兆三者相契合。晋厉公屡行不道而子孙稀少，将要失去君位了。你一定要趁早善待公子周，他将应验预言。”

单顷公应承了他父亲的告诫。到晋厉公被弑时，晋人迎回公子周立为国君，就是晋悼公。

叔向论务德无争先

宋之盟[1]，楚人固请先歃[2]。叔向谓赵文子曰[3]：“夫霸王之势，在德不在先歃，子若能以忠信赞君，而裨诸侯之阙，歃虽在后，诸侯将载之，何争于先？若违于德而以贿成事，今虽先歃，诸侯将弃之，何欲于先？昔成王盟诸侯于岐阳[4]，楚为荆蛮，置茅蕝[5]，设望表[6]，与鲜卑守燎[7]，故不与盟。今将与狎主诸侯之盟，唯有德也，子务德无争先，务德，所以服楚也。”乃先楚人。

［1］宋之盟：指鲁襄公二十七年（前 546 年）诸侯国在宋会盟，签订停战和约。［2］歃：歃血。指口含牲畜的血。一说，以指蘸血，涂于口旁。是古代订盟时的一种仪式。［3］叔向：晋国大夫。赵文子：晋国正卿赵武。［4］成王：周成王。岐阳：岐山的南面，岐山在今陕西岐山县东北。［5］茅蕝：古代滤酒时用的茅束。［6］望表：祭祀山川时所立的木制牌位。［7］鲜卑：古代东北方的少数民族。燎：庭燎，庭院中点燃的柴薪。

在宋国那次会盟中，楚国代表坚决请求领先歃血盟誓。叔向对赵文子说：“霸主的威势，关键在于德行，而不在于谁领先歃血，如果你能用忠信来辅佐国君，补救诸侯的缺失，即使歃血在后，各国的诸侯也都会拥戴你，何必一定要争先呢？如果违背德行，而靠财货来成就事情，今天即使领先歃血，到头来各国的诸侯也都会抛弃你，何必一定想要领先呢？以前周成王在岐山的南面与诸侯会盟，楚国被认为是荆蛮，只负责放置茅草束，设立望表，与鲜卑一起守候庭院中点燃的火堆，还不能参与盟会。而现在他们竟然能够和我们晋国轮流着主持诸侯的盟会，那只是因为楚国积德的缘故啊。你要努力修德，不必去争谁先歃血，只有努力修德，才能压倒楚国。”于是就让楚国先歃血。

叔向论忧德不忧贫

叔向见韩宣子[1]，宣子忧贫，叔向贺之，宣子曰：“吾有卿之名，而无其实，无以从二三子，吾是以忧，子贺我何故？”对曰：“昔栾武子无一卒之田[2]，其宫不备其宗器[3]，宣其德行，顺其宪则，使越于诸侯，诸侯亲之，戎、狄怀之，以正晋国，行刑不疚，以免于难。及桓子骄泰奢侈[4]，贪欲无艺，略则行志，假贷居贿，宜及于难，而赖武之德[5]，以没其身。及怀子改桓之行[6]，而修武之德，可以免于难，而离桓之罪，以亡于楚。夫郤昭子[7]，其富半公室，其家半三军，恃其富宠，以泰于国，其身尸于朝，其宗灭于绛。不然，夫八郤，五大夫三卿，其宠大矣[8]，一朝而灭，莫之哀也，唯无德也。今吾子有栾武子之贫，吾以为能其德矣，是以贺。若不忧德之不建，而患货之不足，将吊不暇，何贺之有？”宣子拜稽首焉，曰：“起也将亡[9]，赖子存之，非起也敢专承之，其自桓叔以下嘉吾子之赐[10]。”

[1]韩宣子：韩起，晋国的卿，宣子是他的谥号。 [2]栾武子：即栾书，晋国的上卿。 [3]宗器：祭祀用的礼器。 [4]桓子：栾桓子，栾书的儿子栾黡。 [5]武：指栾武子。 [6]怀子：栾怀子，栾黡的儿子栾盈。桓：指栾桓子。 [7]郤昭子：即郤至，晋国的卿。 [8]“不然”四句：意谓如果不是这样的话，郤氏八人中，有五个做大夫，三个做卿，他们这家人受到的宠幸够大了。 [9]起：韩起，即韩宣子。 [10]桓叔：晋穆侯之子，名成师，号桓叔，因封在曲沃，也称曲沃桓叔。桓叔的儿子名万，封邑在韩，

称韩万。所以韩宣子尊桓叔为韩氏的祖先。嘉：感谢。

叔向去见韩宣子，宣子正为自己贫困而忧愁，叔向反而祝贺他。韩宣子说："我只有正卿的虚名，却没有正卿的财产，无法和卿大夫们交际往来，我正因此发愁，而你却祝贺我，是什么缘故呢？"叔向回答说："从前栾武子没有百顷的田产，家里置备不齐祭祀的礼器，可是他能宣扬德行，遵循法制，使名声传播到各诸侯国，诸侯亲近他，戎、狄归附他，依靠这点治好了晋国，执行法令没有弊病，所以避免了灾难。传到他儿子桓子，骄傲奢侈，贪得无厌，违法乱纪，任意妄为，借贷牟利，囤积财物，本该遭到祸难，依赖了他父亲武子的余德，才得以善终。到了怀子，改变了桓子的行为，发扬武子的美德，本可以凭此免除祸难，但是受到他父亲桓子罪恶的连累，因而逃亡到楚国去了。那位郤昭子，他的财富抵得上晋国王室的一半，他家的人在三军将帅中占了一半，依仗着他的财富和宠荣，在晋国骄横跋扈。结果他自己被杀，在朝廷陈尸示众，他的宗族也在绛城被灭绝。如果不是这样的话，郤氏八人，有五个做大夫，三个做卿，他们受到的宠幸够大了，可是一旦被消灭，没有谁来同情他们，就是因为没有德行啊。如今你像栾武子那样清贫，我认为你也能具备他的美德，所以向你道贺。如果你不去忧虑自己不能立德，而只为财物不足而发愁，我恐怕哀悼还来不及，又有什么可以祝贺的呢？"韩宣子下拜叩头，说："我韩起将要灭亡之际，幸亏您保全了我，这不是我韩起一个人敢单独承受的，恐怕从我的祖宗桓叔以下的子孙，都要感激您的恩赐。"

二、以和为贵

二、以和为贵

由于古代社会生产力水平的低下和生活资料的匮乏，以掠夺别国、别民族财富为主要动因的战争经常发生。在《国语》产生的中国春秋时期，这一特殊的社会现象表现得尤为明显。所谓“春秋无义战”，就是对这个历史时期战争性质的总体判断。但也正是在这样的社会背景下，一些有识之士认识到战争对人类社会的巨大破坏，鲜明地提出反对战争、以和为贵的观念，告诫各国统治者应慎用武力，尽可能避免杀伐，以维护社会的基本稳定和民众的正常生产、生活。应该说，这种以和为贵的观念无论在当时还是今天都有其历史的合理性和进步性。本节所选的三篇短文，有助于人们了解春秋时期这些有识之士在战争与和平问题上的卓越见解和思想火花。

第一篇《祭公谏穆王征犬戎》选自《国语》卷一《周语》。祭公是周王室的卿士，当时周穆王打算发动对少数民族犬戎的战争，祭公知道后向周穆王摆事实、讲道理，力图通过自己的劝谏使周穆王放弃这场不义的战争。但周穆王一意孤行，结果只得到犬戎进贡的四只白狼和四只白鹿，而从此周王室周边地区的诸侯再也不来朝见天子了。

第二篇《阳人不服晋侯》选自《国语》卷二《周语》。说的是公元前635年，晋文公重耳因保护周王室有功，周襄王特地将阳樊这个地方赏给晋文公作封邑。不料阳樊人不愿归附晋国，于是晋文公派军队包围了阳樊，准备镇压阳樊的百姓。阳樊人中有一个叫仓葛的，在情势危急之时挺身而出，据理力争，最终迫使晋文公放弃了以暴力威慑百姓的打算，避免了一场可能发生的流血冲突。

第三篇《范文子论胜楚必有内忧》选自《国语》卷十二《晋语》。公元前 575 年，晋国和楚国的军队在鄢陵附近为争霸而互相对峙，战争一触即发。当时，晋国由栾武子统帅的上军急于向楚国军队发动进攻，但统帅下军的范文子不同意，他认为，争霸的战争将会导致疏忽内政，并大大增加民众的负担，最终可能引发晋国内部祸患的发生。栾武子没有听从范文子的意见，还是向楚军发动进攻并在鄢陵之战中大获全胜。但正如范文子所预见的那样，对外争霸战争的胜利使得晋国统治集团好大喜功，加重赋税，内政紊乱，激起民众的强烈不满。晋国国君在翼城被愤怒的民众所杀，只用一车四马陪葬。范文子在和与战问题上的思考，在当时可谓高人一筹。他对外患与内忧的辩证关系的理解，更是入木三分。

祭公谏穆王征犬戎

穆王将征犬戎[1]，祭公谋父谏曰[2]：“不可。先王耀德不观兵[3]。夫兵戢而时动[4]，动则威，观则玩[5]，玩则无震。是故周文公之颂曰[6]：‘载戢干戈，载櫜弓矢。我求懿德，肆于时夏，允王保之[7]。’先王之于民也，懋正其德而厚其性，阜其财求而利其器用，明利害之乡，以文修之，使务利而避害、怀德而畏威，故能保世以滋大。

“昔我先王世后稷以服事虞夏[8]。及夏之衰也弃稷不务，我先王不窋用失其官而自窜于戎狄之间[9]，不敢怠业，时序其德，纂修其绪，修其训典，朝夕恪勤，守以敦笃，奉以忠信，奕世载德，不忝前人。至于武王[10]，昭前之光明而加之以慈和，事神保民，莫弗欣喜。商王帝辛大恶于民[11]，庶民不忍，欣戴武王，以致戎于商牧[12]。是先王非务武也，勤恤民隐而除其害也。

“夫先王之制，邦内甸服[13]，邦外侯服，侯、卫宾服，蛮、夷要服，戎、狄荒服。甸服者祭，侯服者祀，宾服者享，要服者贡，荒服者王。日祭、月祀、时享、岁贡、终王，先王之训也。有不祭则修意，有不祀则修言，有不享则修文，有不贡则修名，有不王则修德，序成而有不至则修刑。于是乎有刑不祭，伐不祀，征不享，让不贡，告不王；于是乎有刑罚之辟，有攻伐之兵，有征讨之备，有威让之令，有文告之辞。布令陈辞而又不至，则增修于德而无勤民于远，是以近无不听，远无不服。

“今自大毕、伯士之终也[14]，犬戎氏以其职来王。天子曰‘予必以不享征之’，且观之兵。其无乃废先王之训而王几顿乎！吾闻夫犬戎树惇，帅旧德而守终纯固，其有以御我矣！”

王不听，遂征之，得四白狼、四白鹿以归，自是荒服者不至[15]。

[1] 穆王：西周国君，名满，昭王之子。犬戎：亦称畎戎、昆夷等，当时活动于陕西泾渭流域的一支少数民族，是殷、周西部边地的劲敌。 [2] 祭（zhài）公谋父：字谋父，周公的后代，当时在朝廷中担任卿士。因封于祭（今河南荥阳东北），故称祭公。 [3] 耀德：指昭示德行。观兵：炫耀武力。 [4] 戢：敛藏。 [5] 玩：滥用。 [6] 周文公之颂：周文公指周公。此处所引诗出于《诗·周颂·时迈》，此诗相传是周公为颂扬武王伐纣而作，故称周文公之颂。 [7]“载戢”五句：櫜（gāo），收藏弓箭的袋子。这几句颂诗的意思是：收起干戈，藏好弓箭，我只求让美德遍及全国而发扬光大，相信我王定能常保封疆。 [8] 后稷：上古时掌农事的官名，相传周王室的始祖曾长期担任此职。虞夏：古史传说中商以前的两个朝代名。 [9] 不窋（zhú）：周王室先祖，曾在夏朝末年任农官。 [10] 武王：即周武王，名发，文王之子。他曾率诸侯灭商，是西周王朝的开国君主。 [11] 商王帝

辛：即殷商的末代国君纣王。［12］商牧：指商都近郊的牧野（今河南淇县），商王朝军队曾与周武王率领的诸侯联军在此决战。［13］甸服：据《书·禹贡》记载，古代王畿外围的地方，以五百里为率依次分为五等，由王直辖的方圆千里区域为甸服；甸服以外五百里为侯服，由王分封给诸侯；侯服以外的五百里为绥服（此处称宾服），是介于诸侯和边疆之间的区域；宾服之外为要服、荒服，是王朝影响能及的边地。［14］大毕、伯士：据韦昭注说，他们是犬戎族的首领。［15］荒服者：指周王室周边地区的少数民族邦国。不至：指这些邦国再也不来朝见周天子了。

周穆王将去征讨犬戎，祭公谋父劝阻说："不能这样做。先王以道德昭示天下而不炫耀武力。平时敛藏军队而在适当的时候动用，这样它才会显示出威力，炫耀就会滥用，滥用便失去了威慑作用。所以周公的颂诗说：'收起干戈，藏好弓箭，我只求让美德遍及全国而发扬光大，相信我王定能长保封疆。'先王对于百姓，鼓励他们端正德性和敦厚品行，广开财路以满足需求，使他们有称心的器物使用，明示利害所在，依靠礼法来教育他们，使他们能趋利避害、感怀君王的恩德而畏惧君王的威严。所以先王能使自己的基业世代相延并不断壮大。

"从前我们的先王世代担任农官而尽心为虞、夏做事。到夏朝衰落时废去了农官而置农事于不顾，我们的先王不窋因此而失去官职，只好跑到与戎狄接邻的地方居住下来，但他不敢荒废祖业，常常砥砺自己的德行，继承祖先的业绩，维护他们的教导和典则，时刻勤勉有加，以敦厚自守，以忠信自奉，在立德立业上比前人做得更出色。到了武王时，继续发扬光大先人光明磊落的德行并又增以仁慈和善，敬奉神灵、保护百姓，神人无不欢欣喜悦。而商王帝辛则为民众深恶痛绝，百姓无法忍受他的残暴统治，都乐于拥戴武王，武王才出兵商郊牧野。可见先王并非崇尚武力，只是体恤百姓的忧患而除去他们的祸害。

“先王的制度规定，在王畿内的是甸服，在王畿外的是侯服，侯服之外的是宾服，夷蛮地区是要服，戎狄地区是荒服。属甸服的供日祭，属侯服的供月祀，属宾服的供时享，属要服的供岁贡，属荒服的则有朝见天子的义务。这每天一次的祭、每月一次的祀、每季一次的享、每年一次的贡和一生一次的朝见天子之礼都是先王定下的规诫。如果甸服有不履行日祭义务的，天子就应内省自己的思想；侯服有不履行月祀义务的，天子就要检查自己的号令；宾服有不履行时享义务的，天子就要检查法律规章；要服有不履行岁贡义务的，天子就要检查名号尊卑；荒服有不履行朝见天子义务的，天子就要内省自己的德行，依次做了上述的内省检查后如还有不履行义务的才可以依法处置。因此，才有惩罚不祭、攻伐不祀、征讨不享、谴责不贡、告谕不朝的各种措施，才有惩罚的刑法、攻伐的军队、征讨的武备、谴责的严令、晓谕的文辞。如果颁布了法令、文告后还有不履行义务的，那就再一次内省自己的德行而不轻易劳民远征。正因为如此，近处的诸侯才没有不听从的，远处的诸王也没有不信服的。

“如今，自从大毕、伯士去世以后，犬戎的君长一直按照荒服的职责来朝见，而天子却说‘我将以不享的罪名去讨伐他们’，并以此向他们炫耀武力。这难道不是废弃先王的遗训而使王业败坏吗？我听说犬戎性情敦厚纯朴，能遵守先人的德行而专一不变，他们是有能力抵御我们的。”

周穆王不听劝告，去征讨犬戎，结果只得到了犬戎进贡的四只白狼、四只白鹿回来，从此荒服地区的诸侯再也不来朝见了。

阳人不服晋侯

王至自郑[1]，以阳樊赐晋文公[2]。阳人不服，晋侯围之。仓葛呼曰[3]："王以晋君为能德，故劳之以阳樊，阳樊怀我王德，是以未从于晋。谓君其何德之布以怀柔之，使无有远志？今将大泯其宗祊而蔑杀其民人[4]，宜吾不敢服也！夫三军之所寻[5]，将蛮、夷、戎、狄之骄逸不虔[6]，于是乎致武。此羸者阳也，未狎君政[7]，故未承命。君若惠及之，唯官是征，其敢逆命，何足以辱师！君之武震，无乃玩而顿乎？臣闻之曰：'武不可觌，文不可匿。觌武无烈，匿文不昭[8]。'阳不承获甸而祗以觌武，臣是以惧。不然，其敢自爱也？且夫阳岂有裔民哉[9]，夫亦皆天子之父兄甥舅也，若之何其虐之也？"晋侯闻之，曰："是君子之言也。"乃出阳民。

［1］王：指周襄王，名郑，公元前651年至前619年在位。［2］阳樊：在今河南济源以南。［3］仓葛：人名，阳樊人。［4］宗祊：韦昭注云："庙门谓之祊，宗祊犹宗庙也。"［5］三军：指晋的上、中、下三军。所寻：所要征讨的对象。［6］蛮、夷、戎、狄：古代对边远少数民族及周边邻国的称呼。［7］羸者：弱小。狎：熟悉，驯习。［8］觌：炫耀。这四句话的意思是：武力不可炫耀、文德不可藏匿。炫耀武力就没有威严，藏匿文德就无法光大。［9］裔民：韦昭注云："谓凶恶之民放在荒裔者也。"

周襄王从郑国回到王城，将阳樊赐给了晋文公。阳樊人不肯归附晋国，晋文公派兵包围了阳樊。仓葛大声喊道："周王因为晋君能布施恩德，所以把阳樊作为犒赏，阳樊人怀念周王的恩德，所以不肯归附晋国。大家都以为君主将布施什么德惠来感化我们，使人们不生叛离之心。现在却要拆毁我们的宗庙，杀戮我们百姓，无怪乎我们不敢服从啊。三军所征讨的应是蛮、夷、戎、狄的骄惰不恭行为，因而要动用武力。我们这些弱小的阳樊人，尚未驯习君主的政令，所以不敢承命称臣。君主如果施给我们恩惠，只要派遣官吏前来晓喻就可以了，谁敢违抗命令，何必调动大军！君主这般耀武扬威，难道不会滥用武力而使将士困顿吗？臣听说：'武力不可炫耀，文德不可藏匿。炫耀武力就没有威严，藏匿文德就无法光大。'阳樊人既失去了为王室承担甸服的义务，又遇到君主炫耀武力，臣因此而寒心。否则，谁敢只顾自己而不服从呢？况且阳樊并无被放逐的恶民，都是周天子的父兄甥舅，君主对他们怎么如此苛待呢？"晋文公听了这些话，说："这是君子所说的话啊！"于是下令放阳樊的百姓出城。

范文子论胜楚必有内忧

鄢之役[1]，晋伐郑，荆救之。栾武子将上军，范文子将下军。栾武子欲战，范文子不欲，曰："吾闻之，唯厚德者能受多福，无德而服者众，必自伤也。称晋之德，诸侯皆叛，国可以少安。唯有诸侯，故扰扰焉，凡诸侯，难之本也。且唯圣人能无外患又无内忧，讵非圣人，不有外患，必有内忧，盍姑释荆与郑以为外患乎！诸臣之内相与，必将辑睦。今我战又胜荆与郑，吾君将伐智而多力，怠教而重敛，大其私暱而益妇人田，不夺诸大夫田，则焉取以益此？诸臣之委室而徒退者，将与几人？战若不胜，则晋国之福也；战若胜，乱地之秩者也，其产将害大，盍姑无战乎！"

栾武子曰："昔韩之役[2]，惠公不复舍[3]；邲之役，三军不振旅[4]；箕之役[5]，先轸不复命[6]：晋国固有大耻三。今我任晋国之政，不毁晋耻，又以违蛮、夷重之[7]，虽有后患，非吾所知也。”

范文子曰：“择福莫若重，择祸莫若轻，福无所用轻，祸无所用重，晋国故有大耻，与其君臣不相听以为诸侯笑也，盍姑以违蛮、夷为耻乎。”

栾武子不听，遂与荆人战于鄢陵，大胜之。于是乎君伐智而多力，怠教而重敛，大其私暱，杀三郤而尸诸朝[8]，纳其室以分妇人，于是乎国人不蠲，遂弑诸翼[9]，葬于翼东门之外，以车一乘。厉公之所以死者[10]，唯无德而功烈多，服者众也。

［1］鄢之役：公元前575年，晋楚两国军队在鄢陵决战。鄢，晋邑名，在今河南省鄢陵西北。［2］韩之役：指鲁僖公十五年（前645年）十月秦、晋两国发生在韩原的战役。韩，韩原。在今山西芮城。［3］惠公：晋惠公，在韩原战役中，晋惠公被俘。［4］邲之役：指鲁宣公十二年（前597年）六月晋、楚两国发生在邲地的著名战役。邲，郑邑名，在今河南荥阳北。三军不振旅：指在这次战役中，晋国三军溃不成军。［5］箕之役：指鲁僖公三十三年（前627年）六月晋、狄两国发生在箕地的战役。箕，晋邑名，在今山西蒲县东北。［6］先轸：即原轸，晋国大将，在箕地战役中战死。［7］蛮、夷：指楚国。［8］三郤：郤锜、郤犨、郤至，都是晋卿。［9］翼：晋国故都，在今山西翼城南。［10］厉公：晋厉公。名州蒲，公元前580年至前573年在位。

在鄢陵战役中，晋国讨伐郑国，楚国发兵来救。栾武子统帅上军，范文子统帅下军。栾武子想出战，范文子不同意，说：“我听说，只有德行纯厚的人能够享受大福，没有德行而归服的人众多，肯定会对自己造成伤害。衡量晋国的德行，如果诸侯都背叛了，国内才可以稍微获得安宁。

正因为有些诸侯归附我们，所以搞得纷纷扰扰，这些诸侯，是祸乱的根源。况且只有圣人才能做到既无外患，又无内忧，如果不是圣人，没有外患，必有内忧，我们何不姑且撇开楚国和郑国，把它们作为外患呢！大臣之间相处，肯定会和睦。如今我们攻打并且战胜了楚国和郑国，那么我们的国君就将会夸耀自己的智慧和武功，疏忽教化而加重赋税，增加宠臣俸禄，多赐爱妾田地，那么不夺取诸大夫的田地，又能从哪里获取而赏赐给宠臣、爱妾们呢？大臣们肯交出田地而白白引退的人，能有几个呢？如果仗没打胜，那是晋国的福气；如果打胜了，那么分配土地的常规就要被打乱了，这将产生变乱危害大臣，何不姑且别打呢。”

栾武子回答道：“以前在韩原之战时，惠公被俘不能回国；在邲之战中，三军溃不成军；在箕之战时，先轸不能生还复命。这是晋国原先的三大耻辱。现在我主持晋国的大政，不能为晋国洗雪耻辱，反倒再避开蛮夷楚国来加重耻辱，即使有后患，我也顾不了那么远了。”

范文子说：“选择福没有不拣重的，选择祸没有不拣轻的，福不能要轻的，祸不能要重的，晋国本来有奇耻大辱，与其君臣不相一致而失败被诸侯们耻笑，何不姑且选择躲避蛮夷楚国这个耻辱呢。”

栾武子不听范文子的意见，就与楚国在鄢陵交战，大获全胜。于是这样一来，国君夸耀自己的智慧和武功，疏忽教化而加重赋税，增加宠臣的俸禄，杀了三郤并陈尸于朝，收取了他们的妻妾，将财宝分给爱妻。这样国人都不满他的所作所为，于是在翼城杀了他，埋葬在翼城的东门外，只用一车四马陪葬。晋厉公之所以死，就是因为他没有德行而战功多，归服的诸侯众多的缘故。

三、戒奢以俭

三、戒奢以俭

戒奢以俭，是先秦时期统治阶级的思想家、政治家提出的一条重要的治国和治家的道德规范。本节所选的三篇短文，通过具体的人和事，对戒奢以俭这一道德规范作了生动形象的阐述。

第一篇《刘康公论鲁大夫俭与侈》选自《国语》卷二《周语》。公元前599年，周定王派大夫刘康公出使鲁国，考察当地官员的情况。刘康公汇报说，鲁国官员中季文子、孟献子将会长期保持官位，而叔孙宣子、东门子可能不出两三代就会败亡，其判断的根据即在于这些官员俭朴与奢侈的不同表现。后来的结局果然证实了刘康公的预言。

第二篇《季文子论妾马》选自《国语》卷四《鲁语》。季文子在上文中已经提及。他在鲁宣公、鲁成公两代国君执政时均担任国相，在鲁国可谓一人之下，万人之上，备极尊荣。然而他的妻妾却从不穿丝帛，马匹也从不喂精料。鲁国大夫仲孙它对此颇为不解，后经季文子一番解释，方理解到他的用心并深受震撼，从此也改变了自己过去奢侈的生活方式。仲孙它这种见贤思齐、知错即改的态度得到季文子的肯定，于是推荐他担任鲁国的上大夫。

第三篇《王孙圉论国之宝》选自《国语》卷十八《楚语》。楚国大夫王孙圉去晋国访问时，晋定公设宴招待他，晋国贵族赵简子佩戴着华贵的玉饰担任傧相。当赵简子问起楚国的一种珍贵的玉饰“白珩”时，王孙圉明确地告诉他，楚国所重视的是人才和资源，这些才是楚国的珍宝，至于白珩，只不过是玩物罢了。主客问答之间，不同的价值取向昭然若揭。

这三篇短文，通过正反两个方面人与事的记载，为戒奢以俭这一治国和治家的道德规范作了发人深省的注脚。今天稍有历史常识的人都知道，《国语》所记载和反映的那个时代，中国已经是奴隶制的私有社会了。在这样的历史背景下，奴隶主占有大量的社会财富，过着远比奴隶和自由民优裕奢华的生活是并不为怪的。但也正是在这样的历史背景下，统治阶层中一些有远见的思想家、政治家从维护奴隶制私有社会的长治久安出发，提出了戒奢以俭的道德规范，并把它确立为治国治家的重要原则。刘康公、季文子、王孙圉等人正是这些有远见的思想家、政治家的代表人物。借鉴和继承他们崇尚俭朴、反对奢靡的合理道德内容，并在新的历史条件下发扬光大，在今天仍然具有积极的现实意义。

刘康公论鲁大夫俭与侈

定王八年[1]，使刘康公聘于鲁[2]，发币于大夫[3]。季文子、孟献子皆俭[4]，叔孙宣子、东门子家皆侈[5]。

归，王问鲁大夫孰贤，对曰："季、孟其长处鲁乎！叔孙、东门其亡乎！若家不亡，身必不免。"王曰："何故？"对曰："臣闻之：为臣必臣，为君必君。宽肃宣惠，君也；敬恪恭俭，臣也。宽所以保本也，肃所以济时也，宣所以教施也，惠所以和民也。本有保则必固，时动而济则无败功，教施而宣则遍，惠以和民则阜。若本固而功成，施遍而民阜，乃可以长保民矣，其何事不彻？敬所以承命也，恪所以守业也，恭所以给事也，俭所以足用也。以敬承命则不违，以恪守业则不懈，以恭给事则宽于死，以俭足用则远于忧。若承命不违，守业不懈，宽于死而远于忧，则可以上下无隙矣，其何任不堪？上任事而彻，下能堪其任，所以为令闻长世也。今夫二子者俭，其能足用矣，用足则族可以庇。二子者侈，侈则不恤匮，匮而不恤，忧必及之，若是则必广其身。且夫人臣而侈，国家弗堪，亡之道也。"王曰："几何？"对曰："东门之位不若叔孙而泰侈焉，不可以事二君，叔孙之位不若季、孟而亦泰侈焉，不可以事三君。若皆蚤世犹可[6]，若登年以载其毒[7]，必亡。"

十六年[8]，鲁宣公卒[9]。赴者未及[10]，东门氏来告乱，子家奔齐。简王十一年[11]，鲁叔孙宣伯亦奔齐，成公未殁二年[12]。

［1］定王八年：公元前 599 年。［2］刘康公：周大夫，因其封邑在刘（今河南偃师以南），死后之谥为康，故名。聘：聘请，延请，也可解释为古代国与国之间遣使访问。此处应为第二种解释。［3］币：古人相互赠送的礼物，亦为礼物之通称。［4］季文子：韦昭注云："季友之孙、齐仲无佚之子季孙行父。"孟献子：韦昭注云："仲庆父之曾孙、公孙敖之孙、孟文伯歜之子仲孙蔑。"［5］叔孙宣子：韦昭注云："叔牙之曾孙、庄叔得臣之子叔孙侨如也。"后文的"叔孙宣伯"亦指他。东门子家：韦昭注云："庄公之孙、东门襄仲之子公孙归父也。"［6］蚤：通早。［7］登年：指得享高寿。登，高。［8］十六年：周定王十六年（前 591 年）。［9］鲁宣公：鲁国君，名俀，公元前 608 年至前 591 年在位。［10］赴者：指鲁国向周天子报丧的使者。赴，同"讣"。［11］简王十一年：周简王十一年（前 575 年）。［12］成公：指鲁成公，名黑肱，公元前 590 年至前 573 年在位。

周定王八年，派刘康公出使鲁国，向鲁国的大夫分送礼物。季文子、孟献子都俭朴，而叔孙宣子、东门子家却很奢侈。

回来后，定王询问鲁国的大夫哪位贤德，刘康公答道："季孙、仲孙可以在鲁国长期保持地位，叔孙、东门可能会败亡。即使家族不亡，本人必不能免祸。”定王说：“那是什么原因呢？”刘康公答道：“我听说，为臣必须遵行臣道，为君必须恪守君道。宽厚、严整、公正、仁爱，是君道；忠敬、谨慎、谦恭、俭朴，是臣道。宽厚用以维护基业，严整用以完成政务，公正用以施行教化，仁爱用以团结民众。基业得到维护就必然稳固，按时机而行动而政务完成就没有荒废的事情，教化施行而公正就流布周遍，用仁爱来团结民众就上下富足。如果基业稳固而政务成就，教化周遍而民众富足，才能够长久地保有百姓，还有什么事做不到呢？忠敬用以承受君命，谨慎用以守护家业，谦恭用以执行公务，俭朴用以丰足财用。以忠敬来承受君命就不会违抗，以谨慎来守护家业就不会荒怠，以谦恭来执行公务就不会犯法，以俭朴来丰足财用就不会担忧。如果承受君命不违抗，守护家业不懈怠，不触犯刑法而又远离忧愁，君臣上下就能够没有嫌隙了，还有什么事胜任不了呢？在上者要施行的政务能办到，在下者能胜任交办的公务，因此国家才能长治久安。现在季孙、仲孙俭朴，他们将财用丰足，因而家族能得到荫护。叔孙、东门奢侈，奢侈就不会体恤贫困，贫困者得不到体恤，忧患必然会降临，这样必然会危及自身。况且作为人臣而奢侈，国家不堪负担，这是在走向败亡。”定王问：“他们能维持多久呢？”刘康公答道：“东门子家的地位不如叔孙宣子但比叔孙宣子奢侈，所以不可能连续两朝享有俸禄；叔孙宣子的地位不如季孙、仲孙，但也比他们奢侈，所以不可能连续三朝享有俸禄。如果他们死得早倒还罢了，假若他们有长久的年寿来多干坏事，一定会败亡。”

周定王十六年，鲁宣公去世。告丧的使者还没有抵达王都，东门家的人已来报告发生变乱，东门子家逃往齐国。周简王十一年，叔孙宣子也逃奔齐国，这正好是鲁成公去世的前二年。

季文子论妾马

季文子相宣、成[1]，无衣帛之妾，无食粟之马。仲孙它谏曰[2]：“子为鲁上卿，相二君矣，妾不衣帛，马不食粟，人其以子为爱[3]，且不华国乎[4]！”文子曰：“吾亦愿之，然吾观国人，其父兄之食粗而衣恶者犹多矣，吾是以不敢。人之父兄食粗衣恶，而我美妾与马，无乃非相人者乎！且吾闻以德荣为国华，不闻以妾与马。”

文子以告孟献子[5]，献子囚之七日。自是，子服之妾不过七升之布，马饩不过稂莠。文子闻之，曰：“过而能改者，民之上也。”使为上大夫[6]。

[1] 季文子：鲁国正卿季孙行父。相宣、成：指季文子先后担任鲁宣公、鲁成公的国相。 [2] 仲孙它：又名子服，鲁国大夫。 [3] 爱：吝啬。 [4] 华国：给国家带来光彩。 [5] 孟献子：仲孙它之父仲孙蔑。 [6] 上大夫：古职官名。春秋时期国君之下有卿、大夫、士三级，大夫序列内又分为上大夫、中大夫、下大夫。

季文子在鲁宣公和鲁成公时担任国相，他的妾不穿丝帛，马匹不喂精料。仲孙它劝他说：“您是鲁国的上卿，辅佐过两朝国君，妾不穿丝帛，马匹不喂精料，国人恐怕会以为您吝啬，而且国家不也有失体面吗？”季文子说：“我也愿意华贵一些啊。但是我看国人中，父兄吃粗粮，穿陋衣的还很多，所以我不敢。别人的父兄衣食不丰，而我却优待妾和马匹，这难道是辅佐国君的人该做的吗？况且我只听说高尚的德行可以为国增光，没有听说过以妾和马匹来夸耀的。”

季文子把这件事告诉了仲孙它的父亲孟献子。孟献子为此把仲孙它关了七天。从这以后,仲孙它的妾穿的只是粗布,喂马的饲料也只是稗草。季文子知道后说:“有错误而能改正,是人中之俊杰啊。”于是推荐仲孙它担任上大夫。

王孙圉论国之宝

王孙圉聘于晋[1],定公飨之[2],赵简子鸣玉以相[3],问于王孙圉曰:“楚之白珩犹在乎[4]?”对曰:“然。”简子曰:“其为宝也,几何矣。”

曰:“未尝为宝。楚之所宝者,曰观射父[5],能作训辞,以行事于诸侯,使无以寡君为口实。又有左史倚相,能道训典,以叙百物,以朝夕献善败于寡君,使寡君无忘先王之业;又能上下说于鬼神,顺道其欲恶,使神无有怨痛于楚国。又有薮曰云连徒洲[6],金木竹箭之所生也[7]。龟、珠、角、齿、皮、革、羽、毛[8],所以备赋,以戒不虞者也。所以共币帛,以宾享于诸侯者也。若诸侯之好币具,而导之以训辞,有不虞之备,而皇神相之,寡君其可以免罪于诸侯,而国民保焉。此楚国之宝也。若夫白珩,先王之玩也,何宝之焉?

“圉闻国之宝六而已。明王圣人能制议百物,以辅相国家,则宝之;玉足以庇荫嘉谷,使无水旱之灾,则宝之;龟足以宪臧否,则宝之;珠足以御火灾,则宝之;金足以御兵乱,则宝之;山林薮泽足以备财用,则宝之。若夫哗嚣之美,楚虽蛮夷,不能宝也。”

[1] 王孙圉:楚国大夫。 [2] 定公:晋定公,名午,公元前 511 年至前 476 年在位。 [3] 赵简子:晋国贵族。鸣玉以相:带着叮咚作响的玉饰担任傧相。 [4] 珩:系在玉佩上部的横玉,形略似磬而小。 [5] 观射父:

楚国的臣子。［6］薮：湖泊。云连徒洲：即云梦泽。当时著名的巨湖大泊。也称云土、云杜，在今湖北监利北。［7］箭：箭竹，细小坚实，可作箭杆。［8］角：兽角。齿：象牙。革：犀牛皮。毛：旄牛尾。

王孙圉到晋国访问，晋定公设宴招待他，赵简子佩戴着叮咚作声的玉饰担任傧相，问王孙圉说："楚国的白珩还在吗？"王孙圉回答说："在。"简子说："它作为楚国的珍宝，有多久了？"

王孙圉说："并未曾把它当作珍宝。楚国所宝贵的，叫观射父，他擅长辞令，能到各诸侯国交往办事，使诸侯无法拿我们国君作为话柄。又有位左史倚相，能述说古代的典籍，来说明各种事物，早晚向国君提供成败得失的教训，使国君不忘记先王的功业；又能取悦于天上地下的鬼神，顺应它们的好恶，使神灵对楚国没有怨恨。又有个大泽叫云连徒洲，是金、木、竹、箭出产的地方。又有龟甲、珍珠、兽角、象牙、虎豹皮、犀牛皮、鸟羽和牦牛尾，是用来提供兵赋，预防不测之患的。还可提供币帛，用来招待献赠给诸侯。如果诸侯喜爱这些物品，而又用辞令来疏导，有预防不测的准备，又得到天神的保佑，那我们国君就可以避免得罪诸侯，而国家、百姓也得以保全了。这些才是楚国的珍宝。至于洁白的玉珩，不过是先王的玩物，有什么可宝贵的呢？

"我听说国家的珍宝不过六种而已。明智的人能裁断评议各种事物，用来辅佐治理国家，就把他作为珍宝；祭祀的玉器足以庇荫嘉美的五谷，使没有水旱灾害，就把它作为珍宝；龟甲足以表明善恶凶吉，就把它作为珍宝；珍珠足以防御火灾，就把它作为珍宝；金属足以抵御兵乱，就把它作为珍宝；山林湖泽足以提供财物器用，就把它作为珍宝。至于发出喧哗的声响的美玉，楚国虽然是蛮夷之邦，也不能把它当作珍宝啊。"

四、戒惰以勤

四、戒惰以勤

贪图安逸，厌于劳作；还是毫不懈怠，勤于国事，从根本上说将直接关系到国家的兴衰。先秦时期不少思想家、政治家深知其中的要义，并对统治阶级及其子弟明确地提出了戒惰以勤的道德要求。本节选自《国语》卷五《鲁语》中的两篇短文,从正面对上述道德要求作了具体而形象的说明。

第一篇《公父文伯之母对季康子问》说的是鲁国上卿季康子向他的叔祖母敬姜请教有何告诫时，敬姜语重心长地教育他："君子勤劳工作，他的子孙才会兴旺发达。"孔子的学生子夏听到这番答问后,对敬姜给予了高度的评价。

第二篇《公父文伯之母论劳逸》中，敬姜更深入地向儿子公父文伯阐述了戒惰以勤的道理。当时公父文伯刚刚退朝回家，向母亲敬姜请安，看到她正在专心纺麻，于是说："像我们这样的官宦人家，您还要亲自劳作，如果被季康子知道了，恐怕会对我不高兴，以为我没有侍奉好母亲呢。"敬姜听后叹息道："鲁国大概要灭亡了！君子用心力操劳，小人用体力操劳，这是先王的训诫。我是个寡妇,你也只是个大夫,从早到晚兢兢业业地劳作，还生怕败坏了祖先的成业。如果存怠惰之心，又怎么能躲避罪责呢？用这样怠惰的态度来担任国君赋予你的官职，我真担心你父亲穆伯要断绝后代呀！"孔子听到敬姜的这番话后说："你们每个学生要记住，季氏家的妇人真可算是一个不贪图安逸的人了。"

孔子和他的学生子夏对鲁国贵族妇女敬姜戒惰以勤的见解所表示的高度赞赏和肯定，明显不过地体现了他们的道德取向和伦理观念。以我们今天的视野，应该认识到被孔子和子夏所推崇的敬姜的见解显然带有浓厚的阶级色彩和时代局限。首先，敬姜所主张的勤，只不过是要求奴隶主贵族统治者用心力去勤于国事，对体力劳动是鄙视的。上引短文中所谓“君子劳心，小人劳力”，就证明了这一点。其次，敬姜所主张的勤还有男女之别，即贵族男子应勤于国事，贵族妇女则应勤于家事。她本人在家纺麻，正是勤于家事的证明。敬姜认为如此理解勤、实践勤，方能符合礼仪，亦即符合当时统治阶级的道德规范。当然，以我们今天的视野还应该认识到，在剔除了这些不合时宜的阶级色彩和历史局限之后，戒惰以勤从一般的伦理学意义上说仍有其积极的、现实的价值，值得我们加以借鉴和发扬。它所蕴含的合理的道德内容，我们应该认真记取。

公父文伯之母对季康子问

季康子问于公父文伯之母曰[1]：“主亦有以语肥也。”对曰：“吾能老而已，何以语子。”康子曰：“虽然，肥愿有闻于主。”对曰：“吾闻之先姑[2]曰：‘君子能劳，后世有继。’”子夏闻之[3]，曰：“善哉！商闻之曰：‘古之嫁者，不及舅、姑[4]，谓之不幸。’夫妇[5]，学于舅、姑者也。”

［1］季康子：鲁国上卿，名肥，季桓子的儿子。公父文伯：鲁国大夫，名歜。母：公父穆伯之妻敬姜。［2］先姑：媳妇称婆婆为姑，称已故的婆婆为先姑。［3］子夏：孔子的学生，名卜商。［4］不及：没有见到。舅姑：即公婆。［5］夫：（fú，读作扶），作“凡”解。

季康子请教公父文伯的母亲敬姜说：“您有什么话可以告诫我吧。”回答说：“我不过年老些而已，有什么可以告诫的。”季康子说：“就算这样，我还是愿意听到您的教诲。”回答说：“我从已故的婆婆处听说过：‘君子能勤劳做事，他的子孙就会兴旺发达。'”子夏听到这番对话后说：“讲得真好啊！我听说过：‘古时候女子出嫁，而公婆已故世的，叫作不幸。’为人妇，是应该向公婆学习的。”

公父文伯之母论劳逸

公父文伯退朝，朝其母，其母方绩[1]。文伯曰：“以歜之家而主犹绩，惧忓季孙之怒也[2]，其以歜为不能事主乎！”

其母叹曰：“鲁其亡乎！使僮子备官而未之闻耶？居[3]，吾语女[4]。昔圣王之处民也，择瘠土而处之，劳其民而用之，故长王天下。夫民劳则思，思则善心生；逸则淫，淫则忘善，忘善之恶心生。沃土之民不材，逸也；瘠土之民莫不向义，劳也。是故天子大采朝日[5]，与三公、九卿祖识地德[6]；日中考政，与百官之政事，师尹维旅、牧、相宣序民事[7]；少采夕月[8]，与大史、司载[9]纠虔天刑；日入监九御[10]，使洁奉禘、郊之粢盛[11]，而后即安。诸侯朝修天子之业命，昼考其国职，夕省其典刑，夜儆百工[12]，使无慆淫，而后即安。卿大夫朝考其职，昼讲其庶政，夕序其业，夜庀其家事，而后即安。士朝受业，昼而讲贯，夕而习复，夜而计过无憾，而后即安。自庶人以下，明而动，晦而休，无日以怠。

“王后亲织玄紞[13]，公侯之夫人加之以纮、綖[14]，卿之内子为大带[15]，命妇成祭服[16]，列士之妻加之以朝服[17]，自庶士以下，皆衣其夫。社而赋事[18]，蒸而献功[19]，男女效绩，愆则有辟，古之制也。君子劳心，小人劳力，先王之训也。自上以下，谁敢淫心舍力？今我，寡也，尔又在下位，朝夕处事，犹恐忘先人之业。况有怠惰，其何以避辟！吾冀而朝夕修我曰：‘必无废先人。’尔今曰：‘胡不自安。’以是承君之官，余惧穆伯之绝嗣也[20]。”

仲尼闻之曰："弟子志之，季氏之妇不淫矣。"

［1］绩：缉麻线。［2］季孙：指鲁国的上卿季康子。［3］居：停下。［4］女：汝、你。［5］大采：五彩的礼服。朝日：朝拜祭祀日神。周礼规定，天子以春分朝日。［6］地德：土地上生长的五谷。［7］师尹：大夫官。牧：地方长官。［8］少采：三彩的礼服。夕月：祭祀月神。［9］大史：即太史，主管记载史书。司载：主管天文的官。［10］九御：内宫的女官。［11］禘、郊：禘祭、郊祭，古代的祭祀仪式。粢盛：放在祭器内供祭祀用的谷物。［12］百工：古代官的总称，犹言百官。［13］玄紞：王冠两旁悬挂玉饰的黑色丝绳。［14］纮、綖：系王冠的带子。［15］大带：束身用的黑色腰带。［16］命妇：大夫的妻。成：做。祭服：祭祀用的礼服。［17］列士：周代的士等级内，又分为上士、中士、下士，上士亦称列士，下士亦称庶士。［18］社而赋事：春祭时分配农业事务。［19］蒸而献功：冬祭时献上收获的果实。［20］穆伯：公父文伯的父亲公父穆伯。

公父文伯退朝回家，向母亲请安，母亲敬姜正在纺麻。公父文伯说："像我们这样的家庭，主人还要纺麻，恐怕会惹季康子不满，他会以为我公父文伯不能侍奉好母亲呢！"

他的母亲叹息说："鲁国大概要灭亡了！让你这样不懂事的孩子在朝廷做官，却没有把做官的道理告诉过你吗？坐下，让我来告诉你。过去圣王治理百姓，总是挑选贫瘠的土地来安置他们，使百姓辛勤劳动，把土地耕种好，所以能长久地统治天下。百姓勤劳就会想到节俭，想到节俭就会产生善良的心；安逸则会放荡，放荡就会忘记善良，忘记善良就会产生坏心。生活在肥沃土地上的百姓不能成材，就是因为太安逸了；生活在贫瘠土地上的百姓无不向往仁义，这是因为勤劳的缘故。因此天子在每年春分时穿起五彩的礼服朝拜日神，和三公九卿一起熟习和认识五谷的生长情况；中午要考查朝政的得失和百官政事的勤怠，大夫官和各地方长官辅佐天子按次序全面地处理百姓的事务；每年秋分时天子穿起三彩的礼服祭祀月神，和太史、司载恭敬地观察上天显示的征兆；日落以后监督内宫女官的工作，让她们把禘祭和郊祭的祭品整洁地准备好，这以后才能安寝。诸侯在早上要办理天子交给的任务和命令，白天考察自己封国的事务，晚上检查法令的执行情况，夜间还要监督百官，使他们不敢怠慢，这以后才能安寝。卿大夫在早上要研究自己的本职工作，白天讲习一般例行公事，晚上检查自己经办的事务，夜间处理家内杂事，这以后才能安寝。士人在早上要接受朝廷交办的任务，白天讲习政事，晚上复习，夜间检查自己一天的言行有没有过失，这以后才能安寝。自一般百姓以下，天亮就劳动，天黑了才能休息，没有一天可以怠惰。

“王后要亲自编织王冠两旁悬挂玉瑱的黑色丝绳，公侯的夫人除此之外还要再加上编织系王冠的带子，卿的妻子要亲自编织束身用的黑色腰带，大夫的妻子要亲自做祭祀用的礼服，列士的妻子除此之外还要给丈夫做朝服，自下士以下的妻子都要给丈夫做衣服穿。春祭时要分配农桑的事务，冬祭时要献上收获的果实，男女都各尽其力，有了差错就要治罪，这是自古以来的制度。君子用心力操劳，小人用体力操劳，这是先王的训诫。从上到下，谁敢放纵自己而不用力气？如今我是个寡妇，你也只是个大夫，从早到晚兢兢业业地工作，还生怕败坏了祖先的成业，如存怠惰之念，又怎么躲避罪责呢？我希望你每天早晚都提醒我说：‘一定不要毁败先人的成业。’你刚才却说：‘为什么不自求安逸？’用这样怠惰的态度来担任国君赋予你的官职，我真担心你父亲穆伯要断绝后代啊！”

孔子听到敬姜这番话，说：“学生们要记住，季氏家的妇人可算是一个不贪图安逸的人了。”

五、举贤任贤

五、举贤任贤

人才是国家的重要资源。能否及时发现和有效使用人才，在很大程度上决定着国家的兴衰。春秋时期各国的政治家明乎其中的道理，为了在诸侯争霸中取得有利的地位，他们十分重视举贤任贤在治国中的作用，并不忘以此教喻统治阶级及其子弟。《国语》在这方面的内容相当丰富，本节所选的四篇短文，从不同侧面对古人理解和实践的举贤任贤思想作了具体的介绍。

第一篇《文公任贤与赵衰举贤》选自《国语》卷十《晋语》。晋文公重耳是春秋时期一个很有作为的统治者。在他执政期间，晋国不仅实现了中兴，还一度取得霸主的地位，而这一切又与他善于起用人才有着密切的关系。但是，起用人才的前提是发现人才，而发现人才，就必须借助于一批慧眼独具，并能出以公心的伯乐们的推荐。本文中的赵衰正是这样一个称职的伯乐。赵衰在晋文公重耳流亡国外的十九年中，始终跟随左右，忠心耿耿，患难与共，并多次帮助晋文公渡过困境。但是在晋文公终于结束流亡回国执政后，赵衰却三次推却了晋文公委以的显赫官位，先后举荐了一批有文治武功的贤能之士。他那种出于公心，主动让贤又善于举贤的高风亮节，给后人留下了深刻的印象。

第二篇《祁奚荐子午以自代》选自《国语》卷十三《晋语》。本文记载的是一个举贤不避亲的故事。祁奚是晋国的大夫，他在年事已高后向晋君提出辞去自己担任的军尉职务，并推荐儿子祁午来接替。为此，祁奚客观地介绍了儿子祁午的优点。晋君允其所请，祁午在担任军尉后确实也没有出现过错误的政令。

第三篇《赵宣子论比与党》选自《国语》卷十一《晋语》。赵宣子是晋国的正卿，他向国君推荐了韩献子，任命他为掌军大夫。本来事情到此也就完了。但赵宣子却故意惹事生非：他在河曲之战时让车夫用他乘坐的战车去干扰军队的行列，韩献子毫不犹豫地把车夫抓起来杀了。旁边的人议论说，韩献子这下可闯祸了。可是赵宣子却召见他，对他的行为大加赞赏，并说出一番颇为深刻的见解。显然，赵宣子不仅仅满足于一般的举贤，还要对推荐的人才作跟踪考察，可谓用心良苦。

第四篇《管仲对桓公以霸术》选自《国语》卷六《齐语》。这是一个脍炙人口的生动故事。管仲和鲍叔都是齐国著名的政治家。当初他们两人各自辅佐公子纠和公子小白。在公子纠与公子小白争夺君位的过程中，管仲曾用箭射中公子小白的腰钩，险些使小白丧命。后来小白在权力角逐中获胜，继承了齐国的君位，任命鲍叔为国相。可是鲍叔非但没有接受这项任命，反而向小白即齐桓公推荐了他过去不共戴天的政坛宿敌管仲。齐桓公在听完鲍叔陈述的理由后，采纳了他的建议，任管仲为国相，并虚心请教治国的方略。管仲则以超人的才干和出色的施政方针，最终使齐国大治，齐桓公因此而“九合诸侯、一匡天下”，成为春秋时期第一位霸主。鲍叔的举贤堂堂正正，毫无私念；齐桓公的任贤也不计前嫌、豁达大度。他们在发现人才和起用人才上的远见卓识，值得后人思考和借鉴。

文公任贤与赵衰举贤

文公问元帅于赵衰[1]，对曰：“郤縠可[2]，行年五十矣，守学弥惇。夫先王之法志，德义之府也。夫德义，生民之本也。能惇笃者，不忘百姓也。请使郤縠。”公从之。公使赵衰为卿，辞曰：“栾枝贞慎[3]，先轸有谋，胥臣多闻[4]，皆可以为辅佐，臣弗若也。”乃使栾枝将下军，先轸佐之。取五鹿，先轸之谋也。郤縠卒，使先轸代之。胥臣佐下军。公使原季为卿[5]，辞曰：“夫三德者，偃之出也。以德纪民，其章大矣，不可废也。”使狐偃为卿，辞曰：“毛之智[6]，贤于臣，其齿又长。毛也不在位，不敢闻命。”乃使狐毛将上军，狐偃佐之。狐毛卒，使赵衰代之，辞曰：“城濮之役，先且居之佐军也善[7]，军伐有赏，善君有赏，能其官有赏。且居有三赏，不可废也。且臣之伦，箕郑、胥婴、先都在[8]。”乃使先且居将上军。公曰：“赵衰三让。其所让，皆社稷之卫也。废让，是废德也。”以赵衰之故，蒐于清原，作五军[9]。使赵衰将新上军，箕郑佐之；胥婴将新下军，先都佐之。子犯卒，蒲城伯请佐[10]，公曰：“夫赵衰三让不失义。让，推贤也。义，广德也。德广贤至，又何患矣。请令衰也从子。”乃使赵衰佐新上军。

[1]文公：晋文公，名重耳。曾长期流亡国外，春秋时期晋国的著名君主。元帅：军队的统帅，职位是上卿。赵衰：晋国的卿，字子余。 [2]郤縠：晋国大夫。 [3]栾枝：晋国大夫，谥贞子，栾共子的儿子。贞慎：贞，坚定不移。慎：谨慎。 [4]胥臣：晋国大夫，又名臼季、司空季子。 [5]原季：即赵衰。 [6]毛：狐毛，狐偃的哥哥，晋国大夫。 [7]先且居：先轸的儿子。 [8]胥婴、先都：都是晋国大夫。 [9]五军：晋国原有中军、上军、下军三军。清原阅兵时，又增新上军、新下军二军，共为五军。 [10]蒲城伯：即先且居。

晋文公问赵衰谁可担任元帅，赵衰回答说：“郤縠可以。他已经五十岁了，还坚持学习，而且更加重视。先王制定的法规典籍，是道德信义的宝库。道德和信义，是人民的根本。能够重视的人，是不会忘记老百姓的。请让郤縠担任此项职务。”文公采纳了赵衰的建议。文公又任命赵衰为卿，赵衰推辞说：“栾枝这个人忠贞谨慎，先轸足智多谋，胥臣见闻很广，都可以担任辅佐，小臣不如他们。”于是文公任命栾枝统帅下军，由先轸为副将辅助他。后来攻取五鹿，便是出于先轸的计谋。郤縠死后，又派先轸接替他任中军统帅。由胥臣担任下军副将。文公又让赵衰任下卿，赵衰推辞说：“三桩有功德的事情，都是狐偃出的计谋。用德行来治理人民，成效十分显著，不可不任用他。”文公便任命狐偃为下卿，狐偃推辞说：“狐毛的智慧超过小臣，他的年龄又比我大。狐毛如果不在其位，小臣不敢接受此项任命。”文公于是派狐毛统帅上军，由狐偃为副将辅助他。狐毛死后，文公派赵衰代替他任上军统帅，赵衰又推辞说：“在城濮之战中，先且居辅佐治军干得很好，有军功的应当得到奖赏，以正道帮助君王的应当得到奖赏，能完成自己职责的应当得到奖赏。先且居有这样三种应当得到的奖赏，不可不加重用。而且像我这样的人，箕郑、胥婴、先都等都还在。”文公于是派先且居统帅上军。文公说：“赵衰三次辞让，他所推让的，都是些国家得力的捍卫者。废除辞让，便是废除德行。”因为赵衰的缘故，文公在清原地方举行阅兵，把原来的三军扩充为五军。任命赵衰担任新上军的统帅，由箕郑为副将辅助他；胥婴担任新下军的统帅，由先都为副将辅助他。狐偃死后，蒲城伯先且居请求委派副将，文公说：“赵衰三次推让，都不失礼义。谦让是为了推荐贤人，礼义是为了推广道德。推广道德，贤才就来了，那还有什么可忧虑的呢！请让赵衰随从你做副将。”于是，晋文公便派赵衰担任上军的副将。

祁奚荐子午以自代

祁奚辞于军尉[1]，公问焉[2]，曰："孰可？"对曰："臣之子午可[3]。人有言曰：'择臣莫若君，择子莫若父。'午之少也，婉以从令，游有乡，处有所，好学而不戏。其壮也，强志而用命，守业而不淫。其冠也[4]，和安而好敬，柔惠小物，而镇定大事，有直质而无流心，非义不变，非上不举。若临大事，其可以贤于臣。臣请荐所能择而君比义焉。"公使祁午为军尉，殁平公[5]，军无秕政。

［1］祁奚：晋国大夫，字黄羊。［2］公：晋悼公，名周。［3］午：祁午，祁奚的儿子。［4］冠：指男子二十岁举行冠礼。［5］平公：晋平公，名彪，公元前557年至前532年在位。

祁奚请求辞去军尉之职，晋悼公问他："谁可以接替你？"祁奚回答说："我的儿子祁午可以。人们说：'选择臣子莫如君主，选择儿子莫如父母。'祁午小时候，婉顺听话，外出游戏事先告诉父母去向，有事逗留告知场所，喜欢学习，不爱开玩笑。长大后，博闻强记，遵从父母的命令，能够坚守学业而不胡乱旁骛。二十岁举行冠礼之后，为人和气安详，恭敬有礼，对小事情表现出仁爱的态度，面临大事镇静不慌，性格质朴耿直而不放纵自己，不符合义的事不做，没有长上的命令不擅自行动。如果叫他处理国家大事，可以比我做得更好。请允许小臣推荐自己的儿子，由君王决定是否妥当。"于是悼公便委任祁午为军尉。一直到晋平公死，军队中没有出现过错误的政令。

赵宣子论比与党

赵宣子言韩献子于灵公[1]，以为司马[2]。河曲之役[3]，赵孟使人以其乘车干行，献子执而戮之。众咸曰："韩厥必不没矣。其主朝升之，而暮戮其车，其谁安之！"宣子召而礼之，曰："吾闻事君者比而不党[4]。夫周以举义[5]，比也；举以其私，党也。夫军事无犯，犯而不隐，义也。吾言女于君，惧女不能也。举而不能，党孰大焉！事君而党，吾何以从政？吾故以是观女。女勉之。苟从是行也，临长晋国者，非女其谁？"皆告诸大夫曰："二三子可以贺我矣！吾举厥也而中[6]，吾乃今知免于罪矣[7]。"

［1］赵宣子：晋国正卿，赵衰的儿子，名盾，又称赵孟，谥宣子。韩献子：名厥，谥献子。灵公：晋灵公，晋文公之孙，名夷皋，公元前620年至前607年在位。［2］司马：官名，掌军大夫。［3］河曲：晋邑名，在今山西永济。河曲之役：指鲁文公十二年（前615年）秦、晋两国发生在河曲一带的战役。［4］比：亲近。党：偏私。［5］周：亲和，调合。举：行动，起行。［6］中：同"忠"。［7］免于罪：指免于结党营私之罪。

赵宣子把韩献子推荐给晋灵公，任命他为司马。河曲之战时，赵宣子让人用他乘坐的战车去干扰军队的行列，韩献子把赶车的人抓了起来，并且杀掉了他。大家都说："韩厥一定没有好结果。他的主人早晨刚让他升了官，晚上他就杀了主人的车夫，谁还能使他保住这个官位呢？"赵宣子召见了韩厥，并且以礼相待，说："我听说事奉国君的人以义相结，而不结党营私。出于忠信，为国推举正直的人，这是以义相结。举荐人才而徇私情，这是结党营私。军法是不能违犯的，犯了军法而不包庇，这叫作义。我把你推荐给国君，怕的是你不能胜任。推举的人不能胜任，还有什么结党营私比这更严重的呢！事奉君主却结党营私，我还凭什么来执政呢？我因此借这件事情来观察你。你努力吧。假如能坚持这样去做，那么将来掌管晋国的，除了你还有谁呢？”赵宣子遍告大夫们说：“你们诸位可以祝贺我了！我推荐韩厥非常合适，我现在才知道自己可以不犯结党营私的罪了。”

管仲对桓公以霸术

桓公自莒反于齐[1]，使鲍叔为宰[2]，辞曰：“臣，君之庸臣也。君加惠于臣，使不冻馁，则是君之赐也。若必治国家者，则非臣之所能也。若必治国家者，则其管夷吾乎[3]。臣之所不若夷吾者五：宽惠柔民，弗若也；治国家不失其柄，弗若也；忠信可结于百姓，弗若也；制礼义可法于四方，弗若也；执枹鼓立于军门，使百姓皆加勇焉，弗若也。”桓公曰：“夫管夷吾射寡人中钩，是以滨于死。”鲍叔对曰：“夫为其君动也。君若宥而反之，失犹是也。”桓公曰：“若何？”鲍子对曰：“请诸鲁。”桓公曰：“施伯[4]，鲁君之谋臣也，夫知吾将用之，必不予我矣。若之何？”鲍子对曰：“使人请诸鲁，曰：‘寡君有不令之臣在君之国，欲以戮之于群臣，故请之。’则予我矣。”桓公使请诸鲁，如鲍叔之言。

庄公以问施伯[5]，施伯对曰：“此非欲戮之也，欲用其政也。夫管子，天下之才也。所在之国，则必得志于天下。令彼在齐，则必长为鲁国忧矣。”庄公曰：“若何？”施伯对曰：“杀而以其尸授之。”庄公将杀管仲，齐使者请曰：“寡君欲亲以为戮，若不生得以戮于群臣，犹未得请也。请生之。”于是庄公使束缚以予齐使。齐使受之而退。

比至，三衅[6]，三浴之。桓公亲逆之于郊，而与之坐而问焉，曰："昔吾先君襄公筑台以为高位[7]，田、狩、罼、弋[8]，不听国政，卑圣侮士，而唯女是崇。九妃、六嫔，陈妾数百，食必粱肉，衣必文绣。戎士冻馁，戎车待游车之裛，戎士待陈妾之余。优笑在前，贤材在后，是以国家不日引，不月长，恐宗庙之不扫除，社稷之不血食，敢问为此若何？"管子对曰："昔吾先王昭王、穆王[9]，世法文、武远绩以成名[10]。合群叟，比校民之有道者，设象以为民纪[11]，式权以相应，比缀以度，竱本肇末，劝之以赏赐，纠之以刑罚，班序颠毛，以为民纪统。"桓公曰："为之若何？"管子对曰："昔者，圣王之治天下也，参其国而伍其鄙，定民之居，成民之事，陵为之终，而慎用其六柄焉[12]。"

桓公曰："成民之事若何？"管子对曰："四民者，勿使杂处，杂处则其言哤，其事易。"公曰："处士、农、工、商若何？"管子对曰："昔圣王之处士也，使就闲燕；处工，就官府；处商，就市井；处农，就田野。

"令夫士，群萃而州处，闲燕则父与父言义，子与子言孝，其事君者言敬，其幼者言弟。少而习焉，其心安焉，不见异物而迁焉。是故其父兄之教不肃而成，其子弟之学不劳而能。夫是，故士之子恒为士。

"令夫工，群萃而州处，审其四时，辨其功苦，权节其用，论比协材。旦暮从事，施于四方，以饬其子弟，相语以事，相示以巧，相陈以功。少而习焉，其心安焉，不见异物而迁焉。是故其父兄之权不肃而成，其子弟之学不劳而能。夫是，故工之子恒为工。

"令夫商，群萃而州处，察其四时，而监其乡之资，以知其市之贾，负、任、担、荷，服牛、轺马，以周四方，以其所有，易其所无，市贱鬻贵。旦暮从事于此，以饬其子弟，相语以利，相示以赖，相陈以知贾。少而习焉，其心安焉，不见异物而迁焉。是故其父兄之教不肃而成，其子弟之学不劳而能。夫是，故商之子恒为商。

“令夫农，群萃而州处，察其四时，权节其用，耒、耜、耞、芟[13]。及寒，击草除田，以待时耕；及耕，深耕而疾耰之，以待时雨；时雨既至，挟其枪、刈、耨、镈[14]，以旦暮从事于田野。脱衣就功，首戴茅蒲，身衣袯襫，霑体涂足，暴其发肤，尽其四支之敏，以从事于田野。少而习焉，其心安焉，不见异物而迁焉。是故其父兄之教不肃而成，其子弟之学不劳而能。夫是，故农之子恒为农。野处而不昵，其秀民之能为士者，必足赖也。有司见而不以告，其罪五[15]。有司已于事而竣。”

桓公曰：“定民之居若何？”管子对曰：“制国以为二十一乡。”桓公曰：“善。”管子于是制国以为二十一乡：工商之乡六；士农之乡十五。公帅五乡焉，国子帅五乡焉[16]，高子帅五乡焉[17]。参国起案，以为三官，臣立三宰，工立三族，市立三乡，泽立三虞，山立三衡。

桓公曰：“吾欲从事于诸侯，其可乎？”管子对曰：“未可，国未安。”桓公曰：“安国若何？”管子对曰：“修旧法，择其善者而业用之；遂滋民，与无财，而敬百姓，则国安矣。”桓公曰：“诺。”遂修旧法，择其善者而业用之；遂滋民，与无财，而敬百姓。国既安矣，桓公曰：“国安矣，其可乎？”管子对曰：“未可。君若正卒伍，修甲兵，则大国亦将正卒伍，修甲兵，则难以速得志矣。君有攻伐之器，小国诸侯有守御之备，则难以速得志矣。君若欲速得志于天下诸侯，则事可以隐，令可以寄政。”桓公曰：“为之若何？”管子对曰：“作内政而寄军令焉。”桓公曰：“善。”

管子于是制国："五家为轨，轨为之长；十轨为里，里有司；四里为连，连为之长；十连为乡，乡有良人焉。以为军令：五家为轨，故五人为伍，轨长帅之；十轨为里，故五十人为小戎，里有司帅之；四里为连，故二百人为卒，连长帅之；十连为乡，故二千人为旅，乡良人帅之；五乡一帅，故万人为一军，五乡之帅帅之。三军，故有中军之鼓，有国子之鼓，有高子之鼓。春以蒐振旅，秋以狝治兵。是故卒伍整于里，军旅整于郊。内教既成，令勿使迁徙。伍之人祭祀同福，死丧同恤，祸灾共之。人与人相畴，家与家相畴，世同居，少同游。故夜战声相闻，足以不乖；昼战目相见，足以相识。其欢欣足以相死。居同乐，行同和，死同哀。是故守则同固，战则同强。君有此士也三万人，以方行于天下，以诛无道，以屏周室，天下大国之君莫之能御。"

［1］桓公：名小白，齐襄公之弟。齐襄公被杀后，他从莒国回国继承王位，公元前685年至前643年在位。［2］鲍叔：鲍叔牙，齐国大夫。宰：太宰，辅佐君主治理国政的官。［3］管夷吾：即管仲，夷吾是他的名。当时被扣押在鲁国。［4］施伯：鲁国大夫。［5］庄公：鲁庄公，公元前693年至前662年在位。［6］衅：以香薰身。韦昭注：以香涂身曰衅。亦或为薰。［7］襄公：齐桓公之兄，公元前697年至前686年在位。［8］田：指在原野上打猎。狩：指用围守的方法猎取禽类。罼：用网猎取雉兔。弋：用带丝绳的箭射猎物。［9］昭王、穆王：西周初期的两位统治者。［10］文、武：指周王朝的开创者文王昌、武王发。［11］象：即象魏，宫廷外面的阙门。当时政府颁布的法令一般都悬挂在它上面向民众公布，因而"象"又引申为法令。［12］六柄：据《管子·小匡》，六柄指生、杀、贫、富、贵、贱。［13］耒、耜：翻地的农具。耞：用于脱粒的农具。芟：镰刀。［14］枪：掘草的工具。

刈：镰刀。耨：除草的小锄。镈：除草的农具。［15］罪五：指古代中国处罚犯法行为的墨（刺刻面额涂墨）、劓（割鼻）、剕（断足）、宫（破坏生殖器）、大辟（死刑）等五种刑罚。［16］国子：齐国上卿，国氏。［17］高子：齐国上卿，高氏。

齐桓公从莒国返回齐国，任命鲍叔为国相。鲍叔推辞说："我是你的一个庸臣。你照顾我，使我不挨冻受饿，就已经是恩赐了。如果要治理国家的话，那就不是我所擅长的。若论治国之才，大概只有管仲了。我有五个方面不如管仲：以宽厚慈惠来安抚民众，我不及他；治理国家不忘根本，我不及他；为人忠实诚信，能得到百姓的信任，我不及他；制定的礼仪足以使天下效法，我不及他；立在军门之前击鼓指挥，使百姓加倍勇猛，我不及他。"桓公说："管仲曾用箭射中了我的腰钩，使我险些丧命。"鲍叔解释说："那是为他的主子出力啊。你若赦免他，让他回来，他也会那样为你出力的。"桓公问："怎样使他回来呢？"鲍叔说："得向鲁国提出请求。"桓公说："施伯是鲁君的谋臣，若知道我将起用管仲，一定不会放还给我的。那可怎么办？"鲍叔回答说："派人去向鲁国要求说：'我们国君有个不遵守命令的臣子在贵国，想在群臣面前处死他，所以请交还给我国。'这样鲁国就会把他放还我国了。"于是桓公照鲍叔说的那样，派人向鲁国提出要求。

鲁庄公询问施伯如何处置这件事。施伯回答说："这不是想处死他，而是要起用他来执政。管仲是天下的奇才，他所效劳的国家，一定会称霸于诸侯。让他返齐，必将会长久地成为鲁国的祸患。"庄公说："那怎么办呢？"施伯答道："杀了他把尸体交还给齐国。"庄公准备处死管仲，齐国使者要求说："我们国君想亲自处决他，如果不把他活着带回去在群臣面前施刑示众，还是没能达到要求。请让他活着回去。"于是庄公派人把管仲捆缚起来交给齐国使者。齐使接受之后就回国了。

管仲快到达齐国时，三次薰香沐浴，桓公亲自到郊外迎接，然后请他坐下并问道:“过去，我们的先君襄公修筑高台以示尊荣，成天打猎游乐,不处理国家政事,藐视圣贤,侮辱文士,只看重女色。宫中有九妃六嫔、姬妾数百，吃的一定要是精米鱼肉，穿的一定要是彩衣绣服。将士们挨冻受饿，军车要等游玩的车子破损后才充用，士兵要靠侍妾吃剩的粮食来养活。亲近那些唱歌逗乐的倡优，却把贤德的人才抛在一边。国家因此而不能日有所进、月有所长。这样下去恐怕宗庙将无人清扫，社稷也难以受祭。请问面对这些景况应该怎么处理?”管仲回答说:“过去的先王周昭王、周穆王以效法文王、武王的政绩而成就美名。召集众长老来考察选择百姓中有德行的人，制定法令作为民众行为的准则，同时树立相应的榜样，以此把百姓维系起来。从根本上来解决那些细微末节的问题，用赏赐善行来引导民众，用惩罚罪恶来纠正偏差，使长幼有序，为百姓立下规矩。”桓公说:“那怎样去做呢?”管仲回答说:“过去，圣王治理天下时，曾把都城分为三区、郊野分为五区，以确定百姓的住地，让百姓各就其业，设置葬地作为他们的归宿，并谨慎地运用六种权力。”

桓公问:“怎样使百姓各就其业呢?”管仲回答说:“士、农、工、商，不要让他们混杂居住。混杂居住会使他们相互干扰，工作不安心。”桓公问:“怎样来安排士、农、工、商的住地呢?”管仲回答说:“过去圣王把士人的住处安排在清静的地方;把工匠的住处安排在官府;把商人的住处安排在市场;把农民的住处安排在田野。

“让那些士人聚集在一起居住，空闲时父辈之间谈论礼义，子侄辈之间谈论孝道，侍奉国君的人谈论克尽职守，年幼的则谈论兄弟和睦。从小就受到熏陶，他们的思想就安定了，不再见异思迁。所以父兄的教诲不用督促就能实行，子弟的学习无须费力就能掌握。这样，士人的后代就一直是士人。

“让那些工匠聚集在一起居住，了解不同季节的产品需要，辨别质量的优劣，衡量器材的用处，选用合适的材料。从早到晚做这些事，使产品适用于四方，用这些来教诲子弟，互相谈论工作，互相交流技艺，互相展示成果。从小就受到熏陶，他们的思想就安定了，不再见异思迁。所以父兄的教诲不用督促就能实行，子弟的学习无须费力就能掌握。这样，工匠的后代就一直是工匠。

“让那些商人聚集在一起居住，了解不同季节的营销需要，熟悉本地的货源，掌握市场的行情。或背负肩挑，或车载畜驾，把货物运往四方，用已有的东西来换取缺少的物品，贱价买进高价卖出。从早到晚做这些事，用这些来教诲后代，互相谈论生财之道，互相交流赚钱经验，互相展示经营手段。从小就受到熏陶，他们的思想就安定了，不再见异思迁。所以父兄的教诲不用督促就能实行，子弟的学习无须费力就能掌握。这样，商人的后代就一直是商人。

“让那些农民聚集在一起居住，了解不同季节的农事，根据不同的农事准备耒、耜、枷、镰等农具，到了冬天，要除去枯草，整修田地，以等待春耕；到了耕种季节，要深翻土壤，抓紧耙土复种，以等待春雨；春雨过后，就带着锄头等农具从早到晚在田里劳作。劳动时脱去上衣，头戴草帽，身穿蓑衣，全身沾满泥土，太阳曝晒皮肤，使出全部的力气在田里干活。从小就受到熏陶，他们的思想就安定了，不再见异思迁。所以父兄的教诲不用督促就能实行，子弟的学习无须费力就能掌握。这样，农民的后代就一直是农民。他们居住在郊野而不沾染不良习气，其中能入仕做官的优秀者，一定足以信赖。有关官员见到这样的人才不予推荐，要受到五刑的处罚。他们必须推荐贤才，才可谓之称职。”

桓公问：“怎样来确定百姓的住地呢？”管仲答道：“把全国分为

二十一个乡。”桓公说:“好啊。”管仲于是把全国划分为二十一个乡:工匠和商人的乡有六个,士人和农民的乡有十五个,由国君掌管五个乡,国子掌管五个乡,高子掌管五个乡。分国事为三,各种官职也各设置三名:设三卿主管群臣,设三族主管工匠,设三乡主管商人,设三虞主管川泽,设三衡主管山林。

桓公说:“我想在诸侯中做一番事业,能行吗?”管仲回答说:“不行,国家还不安定。”桓公问:“怎样来安定国家呢?”管仲说:“整顿已有的法令,选择合用的修订施行。然后繁殖人口,救济贫困,安抚百姓,这样国家就安定了。”桓公说:“就这样办。”于是整顿已有的法令,选择合用的修订施行。然后繁殖人口,救济贫困,安抚百姓。国家安定了以后,桓公说:“国家已经安定,可以有所作为了吧?”管仲说:“还不行。你如果整顿军队、修造盔甲兵器,其他大国也会整顿军队,修造盔甲兵器,我们就难以很快实现志向了。你有进攻的武器,小国诸侯也有防御的准备,我们也难以很快实现志向。你若想迅速在天下诸侯中实现志向,就应该把要做的事情隐蔽起来,把战备寄寓在政令里。”桓公问:“怎样去做呢?”管仲回答说:“在整顿内政中寄寓军令。”桓公说:“很好。”

于是管仲就制定国家的政令:“五家为一轨,轨设轨长;十轨为一里,里设有司;四里为一连,连设连长;十连为一乡,乡设良人。其中所寄寓的军令是:五家一轨,所以五人为一伍,由轨长统率;十轨一里,所以五十人为小戎,由里的有司统率;四里一连,所以二百人为一卒,由连长统率;十连一乡,所以二千人为一旅,由乡的良人统率;五个乡是一帅,所以正好是一万人,编成一个军,由卿来统率。全国可编为三军,所以有国君亲自统帅的中军的旗鼓,有国子的旗鼓,有高子的旗鼓。春天用春猎的名义来整编军队,秋天以秋猎的名义来操练军队。这样卒、伍一级的小队伍在里中就已经编就。军、旅一级的大兵团在郊野中得以组成。内政中既已包含了军事组织，就得命令民众不得迁徙。同一个伍的人祭祀时同享酒肉,死丧时大家哀伤,有了灾祸共同承担。人与人相伴，家与家相伴，世代同住一地，从小一起游戏。所以夜间作战能听到声音，就不会发生误会;白天作战能相互看见,足以认识同伙。那种欢乐的心情，能使他们拼死互助。在家时共同欢乐,行军时融洽无间,战死时一起哀伤。所以,防守就坚固不移,作战就英勇顽强。你若能拥有三万名这样的兵士，率领他们横行天下，讨伐无道，保卫王室，天下的大国诸侯还有谁能与你对抗。”

六、民为邦本

六、民为邦本

民为邦本，本固才能邦宁。中国先秦时期的思想家十分重视对国君与民众、国家与民众关系的研究，提出不少爱护民力、慎用民力、亲民恤民的见解，既从正面阐发了民为邦本的重要性，也从反面对滥用民力、盘剥民众的行为提出严厉的指责，以此训诫各国的诸侯、卿大夫及其子弟。本节所选《国语》中的五篇短文，以一个个生动具体的案例，对民为邦本的思想从不同的角度作了详尽的、有说服力的分析。

第一篇《里革论君之过》选自《国语》卷四《鲁语》。晋国的暴君晋厉公被晋国大夫杀死后，消息传到鲁国，于是鲁成公与大臣们在朝堂上议论起这件事。太史里革认为，这是国君的过错。他的一番深刻的分析，连兔死狐悲的鲁成公听后也没有什么可说了。

第二篇《赵简子以晋阳为保鄣》和与之相联系的第三篇《晋阳之围》均选自《国语》卷十五《晋语》。晋卿赵简子派家臣尹铎去管理他的封邑晋阳，尹铎辞行前向赵简子请示说，您是为了让晋阳向您提供赋税呢，还是使这个地方成为您可靠的保障？赵简子认为后者更重要，于是尹铎到晋阳后便减轻了当地百姓的赋税。赵简子知道后告诫他的儿子，以后晋国一旦出现动乱，你千万要到晋阳去避乱。公元前 453 年，晋国真的发生动乱，他的儿子投奔晋阳，果然得以保全。

第四篇《伍举论台美而楚殆》选自《国语》卷十七《楚语》。楚灵王在章华这个地方建造了一个高台，邀大夫伍举一起登台观赏。在楚灵王得意洋洋，对高台的壮美赞叹不已的时候，伍举却意识到了楚国因此而潜藏着的危险。

第五篇《子常问蓄货聚马鬬且论其必亡》选自《国语》卷十八《楚语》。楚国大夫鬬且在上朝时见到令尹（相当于国相）子常，子常问他怎样才能聚敛更多的财宝和马匹。鬬且将他同体恤民众的前令尹子文对比，断言子常必定败亡。一年后发生了柏举之战，子常果然无法在楚国立足，逃亡到了郑国。

以上五篇短文记载的人与事虽然各各不同，但爱护民力还是糟蹋民力，亲民恤民还是剥削人民，两者的结局又有何区别，《国语》的撰写者借主人公之口作了明确的回答。

里革论君之过

晋人杀厉公[1]，边人以告，成公在朝[2]。公曰："臣杀其君，谁之过也？"大夫莫对，里革曰[3]："君之过也。夫君人者，其威大矣。失威而至于杀，其过多矣。且夫君也者，将牧民而正其邪者也，若君纵私回而弃民事，民旁有慝无由省之，益邪多矣。若以邪临民，陷而不振，用善不肯专，则不能使，至于殄灭而莫之恤也，将安用之？桀奔南巢[4]，纣踣于京[5]，厉流于彘[6]，幽灭于戏[7]，皆是术也。夫君也者，民之川泽也。行而从之，美恶皆君之由，民何能为焉。"

［1］晋人杀厉公：指公元前573年正月晋国大夫栾书和中行偃派程滑杀死了晋厉公。［2］成公：名黑肱，鲁国国君。公元前590年至前573年在位。［3］里革：名克，时任鲁国太史。［4］桀：夏桀，夏代的暴君。南巢：古地名，今安徽省巢县西南。［5］纣：商纣，商代暴君。京：指商纣王时的别都朝歌，在今河南省淇县。［6］厉：周厉王，周代暴君。彘：古地名，

今山西省霍县境内。［7］幽：周幽王，周代暴君。戏：戏山，今陕西省临潼市东。

晋国人杀了晋厉公，鲁国防守边境的官员把这个消息报告给朝廷，鲁成公正好在朝堂上。成公听到后说："臣子杀了他的国君，是谁的过错？"大夫们没有人回答。里革回答说："这是国君的过错。统治民众的人，他的威严是极大的。丧失威严以至于被杀，他的过错一定太多了。而且做国君的，应该治理民众并纠正民众的邪恶。倘若国君放纵自己的私心邪念而放弃了治理民众的事情，民众中间发生的邪恶没有人去了解，就会使邪恶越来越多。倘若用邪恶的办法治理民众，政事就会败坏而不能挽救。施行仁政又不肯专一到底，就不能支配民众。民众到了灭亡的地步也不去体恤，这样还要国君做什么？夏桀出逃到南巢，商纣王死在朝歌，周厉王被流放到彘地，周幽王在戏山身亡，都是由于过错太多失掉威严的缘故。国君就好比养育民众的川泽。君行而民从，好坏都由国君决定，民众怎么能无故弑君呢？"

赵简子以晋阳为保鄣

赵简子使尹铎为晋阳[1]。请曰："以为茧丝乎？抑为保鄣乎？"简子曰："保鄣哉！"尹铎损其户数[2]。简子戒襄子曰[3]："晋国有难，而无以尹铎为少[4]，无以晋阳为远，必以为归。"

［1］赵简子：赵鞅，也称赵孟，晋国的卿。尹铎：赵简子的家臣。晋阳：赵氏的封邑，在今山西太原南。［2］损其户数：减少户数，即减少赋税之义。损，减少。［3］襄子：赵襄子，名无恤，赵简子的儿子。［4］少：

年轻。

赵简子派尹铎治理晋阳。尹铎请示说："是让晋阳提供赋税呢？还是使它成为您可靠的保障？"简子说："当然是保障！"尹铎便减少了户税的数目。简子告诫他的儿子襄子说："晋国一旦发生了祸乱，请你不要认为尹铎年轻，也不要嫌晋阳距这里太远，一定要前往投奔。"

晋阳之围

晋阳之围[1]，张谈曰[2]："先主为重器也，为国家之难也，盍姑无爱宝于诸侯乎？"襄子曰："吾无使也。"张谈曰："地也可[3]。"襄子曰："吾不幸有疾，不夷于先子[4]，不德而贿。夫地也求饮吾欲，是养吾疾而干吾禄也。吾不与皆毙。"襄子出，曰："吾何走乎？"从者曰："长子近[5]，且城厚完。"襄子曰："民罢力以完之，又毙死以守之，其谁与我？"从者曰："邯郸之仓库实[6]。"襄子曰："浚民之膏泽以实之，又因而杀之，其谁与我？其晋阳乎！先主之所属也[7]，尹铎之所宽也，民必和矣。"乃走晋阳，晋师围而灌之，沈灶产蛙[8]，民无叛意。

[1] 晋阳之围：指公元前453年，晋国的智伯联合韩、魏两家攻赵，赵襄子被迫退守晋阳。后韩、魏两家又与赵联合共灭智伯，瓜分了他的土地，史称三家分晋。 [2] 张谈：也称张孟谈，赵襄子的家臣。 [3] 地：赵襄子的臣。 [4] 先子：指赵襄子的父亲赵简子。 [5] 长子：晋邑名，在今山西长子西南。 [6] 邯郸：晋邑名，在今河北邯郸市。 [7] 先主：指赵简子。 [8] 沈灶产蛙：指晋军决水淹城，民家的炉灶都淹没在水中，生出了虾蟆。

晋阳被围之前，张谈说：“先主置办各种贵重的礼器，就是为了解救国家危难的，何不姑且不要吝惜财宝，向诸侯求援呢？”襄子说：“我没有合适的使者。”张谈说：“地可以做使者。”襄子说：“不幸的是我德行有缺，比不上我的先人，没有德行却想贿赂诸侯来求援。地这个人只晓得满足我的欲望，这是助长我的过失而求取我的俸禄啊。我不能与他一起败亡。”襄子准备出走，说：“我到何处去呢？”侍从说：“长子距离近，而且城墙厚实完整。”襄子说：“民众精疲力竭修筑了它，再要他们卖命守卫它，谁还肯与我同心协力呢？”侍从说：“邯郸的仓库很充实。”襄子说：“那是榨取了民脂民膏才充实起来的，现在又要使他们的性命受到伤害，谁还肯帮我出力呢？还是到晋阳吧！那是先主赵简子嘱咐过的地方，尹铎待那里的百姓又宽厚，人民必定能同心同德。”于是便投奔晋阳。晋军包围了晋阳，又决水灌城，民家的炉灶都淹没在水中，生出了虾蟆，然而人民却毫无背叛的意思。

伍举论台美而楚殆

灵王为章华之台[1]，与伍举升焉[2]，曰：“台美夫！”对曰：“臣闻国君服宠以为美，安民以为乐，听德以为聪，致远以为明。不闻其以土木之崇高、彤镂为美，而以金石匏竹之昌大、嚣庶为乐[3]；不闻其以观大、视侈、淫色以为明，而以察清浊为聪。

“先君庄王为匏居之台[4]，高不过望国氛，大不过容宴豆[5]，木不妨守备，用不烦官府，民不废时务，官不易朝常。问谁宴焉，则宋公、郑伯[6]；问谁相礼，则华元、驷騑[7]；问谁赞事，则陈侯、蔡侯、许男、顿子[8]，其大夫侍之。先君以是除乱克敌，而无恶于诸侯。今君为此台也，国民罢焉，财用尽焉，年谷败焉，百官烦焉，举国留之，数年乃成。愿得诸侯与始升焉，诸侯皆距无有至者。而后使太宰启疆请于鲁侯[9]，惧之以蜀之役[10]，而仅得以来。使富都那竖赞焉[11]，而使长鬣之士相焉，臣不知其美也。

“夫美也者，上下、内外、小大、远近皆无害焉，故曰美。若于目观则美，缩于财用则匮，是聚民利以自封而瘠民也，胡美之为？夫君国者，将民之与处；民实瘠矣，君安得肥？且夫私欲弘侈，则德义鲜少；德义不行，则迩者骚离而远者距违。天子之贵也，唯其以公侯为官正，而以伯子男为师旅。其有美名也，唯其施令德于远近，而小大安之也。若敛民利以成其私欲，使民蒿焉望其安乐，而有远心，其为恶也甚矣，安用目观？

“故先王之为台榭也，榭不过讲军实，台不过望氛祥。故榭度于大卒之居，台度于临观之高。其所不夺穑地，其为不匮财用，其事不烦官业，其日不废时务，瘠硗之地，于是乎为之；城守之木，于是乎用之；官僚之暇，于是乎临之；四时之隙，于是乎成之。故《周诗》曰[12]：‘经始灵台[13]，经之营之。庶民攻之，不日成之。经始勿亟，庶民子来。王在灵囿[14]，麀鹿攸伏[15]。’夫为台榭，将以教民利也，不知其以匮之也。若君谓此台美而为之正，楚其殆矣！”

[1] 灵王：楚灵王，名熊虔，公元前540年至前529年在位。章华：楚地名，当在今湖北监利离湖上。 [2] 伍举：即椒举，伍子胥的祖父，楚国大夫。以封邑在椒，又称椒举。 [3] 金：钟。石：石磬。匏：笙。竹：箫管。[4] 庄王：楚庄王。匏居：台名。 [5] 豆：盛食品的高脚盘。 [6] 宋公：指宋文公，名鲍，公元前610年至前589年在位。郑伯：指郑襄公，名坚，公元前604年至前587年在位。 [7] 华元：宋国的卿。驷騑：即公子騑，郑穆公的儿子，名騑。 [8] 陈侯：指陈成公，名午，公元前598年至

前 570 年在位。蔡侯：指蔡文公，名申，公元前 611 年至前 592 年在位。许男：指许昭公，名锡我，公元前 622 年至前 593 年在位。顿子：顿国的国君。［9］启疆：即薳子，楚国的卿。鲁侯：指鲁昭公，名稠，公元前 542 年至前 511 年在位。［10］蜀之役：鲁成公二年（前 590 年）楚国攻伐鲁国直到蜀地，鲁国惧而和楚国结盟。蜀，鲁地。［11］那竖：美童。［12］《周诗》：指《诗经·大雅·灵台》。［13］灵台：周代台名，故址在今陕西西安西北。［14］灵囿：天子畜养鸟兽的园林。［15］麀鹿：母鹿。

楚灵王建造了章华台，和伍举一起登了上去，说："这高台真美啊！"伍举回答说："我听说国君把有德而受到尊崇当作美，把安抚百姓当作快乐，把能听从有德的人当作听觉灵敏，把能招致远方的人归附当作贤明。没有听说把土木建筑的高大和雕梁画栋当作美，把钟磬笙箫等演奏乐队的盛大和喧哗当作快乐；没有听说把观赏的场面大、看到的东西奢侈、迷乱于姿色当作目光明亮，把能分辨音乐的清浊当作耳朵灵敏。

"我们先君楚庄王建造的匏居台，高度不过可以观望国家吉凶的气象，台大不过能够容纳宴会的杯盘，用的木材不占用国家的守备，财用不增加官府的负担，百姓不误农时，官吏不打乱日常的政务。说到宴请的有谁，是宋公和郑伯；说到有谁导引朝见的礼节，是华元和驷騑；说到有谁辅佐宴会事务，是陈侯、蔡侯、许男和顿国国君，他们的大夫们各自陪侍自己的国君。先君就靠这样消除祸乱，战胜敌国，而并不得罪诸侯。现在您建造了这高台，使国家和百姓疲惫不堪，钱财都用光了，年成不好，百官烦忙，举国上下都来建造它，花了好几年才建成。希望有诸侯来庆贺，和他们一起首次登上高台，可是诸侯们都拒绝没有一个来的。后来派太宰启疆去请鲁侯，并用蜀地之战威胁他，他才勉强前来。又叫俊美娴雅的少年辅佐宴会事务，长鬓美须的士人导引朝见，我不知道这有什么美。

“所谓美，是指对上下、内外、大小、远近都没有妨害，所以才叫美。如果用眼睛看起来是美的，财用却匮乏，这是收刮民财使自己富有却让百姓贫困，有什么美呢？当国君的人，要与百姓共处，百姓贫瘦了，国君怎么能肥呢？况且私欲太大太多，就会使德义鲜少；德义不能实行，就会使近处的人忧愁叛离，远方的人抗拒违命。天子的尊贵，正是因为他把公、侯当作官长，让伯、子、男统率军队。他享有美名，正是因为他把美德布施给远近的人，使大小国家都得到安定。如果聚敛民财来满足自己的私欲，使百姓贫耗失去安乐从而产生叛离之心，那作恶就大了，眼睛看上去好看又有什么用呢？

“所以先王建造台榭，榭不过是用来讲习军事，台不过是用来观望气象吉凶。因此榭只要能在上面可以检阅士卒，台只要能登临观望气象吉凶的高度就行了。它所在的地方不侵占农田，它的建造不使国家的财用匮乏，它的工作不烦扰正常的政务，它占用的时间不妨碍农时。要在贫瘠的土地上建造它；以建造城防剩余的木料建造它；要让官吏在闲暇的时候前去指挥；在四季农闲的时候建成它。所以《周诗》上说：‘经营建造灵台，经营它，建造它。百姓来营造，没用几天就完成了。经营建造的时间不急迫，百姓像孝顺儿子一样都来了。周王来到了园林，母鹿悠然卧伏。’建造台榭，是为了要让百姓得到利益，没听说是为了使百姓匮乏的。如果您认为这高台很美，事情做得正确，那么楚国可就危险了！”

子常问蓄货聚马鬬且论其必亡

鬬且廷见令尹子常[1]，子常与之语，问蓄货聚马。归以语其弟，曰：“楚其亡乎！不然，令尹其不免乎。吾见令尹，令尹问蓄聚积实，如饿豺狼焉，殆必亡者也。

“夫古者聚货不妨民衣食之利，聚马不害民之财用，国马足以行军，公马足以称赋，不是过也。公货足以宾献，家货足以共用，不是过也。夫货、马邮则阙于民[2]，民多阙则有离叛之心，将何以封矣。

“昔鬬子文三舍令尹[3]，无一日之积，恤民之故也。成王闻子文之朝不及夕也[4]，于是乎每朝设脯一束、糗一筐[5]，以羞子文。至于今秩之。成王每出子文之禄，必逃，王止而后复。人谓子文曰：‘人生求富，而子逃之，何也？’对曰：‘夫从政者，以庇民也。民多旷者，而我取富焉，是勤民以自封也，死无日矣。我逃死，非逃富也。’故庄王之世[6]，灭若敖氏[7]，唯子文之后在，至于今处郧[8]，为楚良臣。是不先恤民而后己之富乎？

“今子常，先大夫之后也，而相楚君无令名于四方。民之羸馁，日已甚矣。四境盈垒，道殣相望，盗贼司目，民无所放。是之不恤，而蓄聚不厌，其速怨于民多矣。积货滋多，蓄怨滋厚，不亡何待。

“夫民心之愠也，若防大川焉，溃而所犯必大矣。子常其能贤于成、灵乎[9]？成不礼于穆[10]，愿食熊蹯[11]，不获而死。灵不顾于民，一国弃之，如遗迹焉。子常为政，而无礼不顾甚于成、灵，其独何力以待之！”期年，乃有柏举之战[12]，子常奔郑，昭王奔随[13]。

[1] 鬬且：楚国大夫。子常：子囊的孙子，名囊瓦。 [2] 邮：超过。韦昭注：邮，过也。 [3] 鬬子文：即鬬谷於菟，字子文，鬬伯比的儿子，楚国大夫。三舍：三次辞去。 [4] 成王：楚成王，名熊頵，公元前671年至前626年在位。朝不及夕：指子文吃了早饭就没有晚饭。 [5] 脯：肉干。糗：干粮。 [6] 庄王：楚庄王。 [7] 若敖氏：鬬子文的家族。鲁宣公四年（前605年）子文的侄子鬬椒作乱，楚庄王灭掉若敖氏。子文的孙子克黄奉命出使齐国回楚，自拘请罪，楚庄王念子文治楚有功，因此赦免了克黄。

[8]郧:楚地名,在今湖北安陆。子文的后代在楚昭王时封为郧公。[9]成、灵:楚成王和楚灵王。[10]穆:楚穆王,楚成王的儿子,名商臣,公元前625年至前614年在位。[11]熊蹯:熊掌。指楚成王想废世子商臣,商臣率兵围攻成王,成王要求吃了熊掌以后再死,商臣不允,成王自杀。[12]柏举之战:蔡昭侯朝见楚昭王,子常想要他的佩玉;唐成公也来朝见,子常想要他骑的骕骦马。二人不给,被拘禁在楚国三年,交出后才被放回国。后蔡侯、唐公联合吴国攻楚,鲁定公四年(前506年)在柏举打败楚军。柏举,楚地名,在今湖北麻城东北。[13]随:随国,在今湖北随县。

鬭且在朝廷见了令尹子常,子常和他谈话,询问怎样才能聚敛财宝和马匹。鬭且回家后告诉了他的弟弟,说:"楚国恐怕要灭亡了吧!如果不是这样,令尹恐怕不免于难。我见到令尹,令尹询问怎样积聚财宝,像饥饿的豺狼一样,恐怕是一定要败亡的。

"古时候积聚财货不妨害百姓衣食的利益,聚敛马匹不损害百姓的财物,国家征收的马匹能满足行军所用,公卿的戎马能与兵赋的需要相称,不超过这个限度。公卿的财货足够馈赠贡献所用,大夫家的财货足够供给使用,不超过这个限度,财货与马匹过多百姓就会穷困,百姓过于穷困就会产生背叛之心,那凭什么来立国呢?

"以前鬭子文三次辞去令尹的职务,家里没有一天的储粮,是由于体恤百姓的缘故。楚成王听说子文吃了早饭就没有晚饭,因此每逢朝见时就准备一束肉干、一筐粮食,用来送给子文。直到现在已成为对待令尹的惯例。成王每次颁下子文的俸禄,子文一定要逃避,等到成王不再这样做,然后他才回来任职。有人对子文说:'人活着都追求富贵,但您却逃避它,为什么呢?'子文回答说:'从政的人,是保护人民的。民众都很贫困,而我却取得富贵,这是劳苦了百姓而使自己富厚,不知哪天就会遭祸而死了。我是逃避死亡，不是逃避富贵。’所以楚庄王在位的时候，灭掉了若敖氏家族，只有子文的后代还在，一直到现在还住在郧地，做楚国的良臣。这不是首先体恤百姓然后自己才富有吗?

“现在子常，是先大夫的后代，辅佐楚国国君却在四方没有好名声。百姓饥瘦挨饿，一天比一天更厉害了。四周边境布满了堡垒，道路上饿死的人到处可见，盗贼张目窥伺，民众无所依靠。他不去顾恤这些，反而聚敛不已，招致民众怨恨的太多了。积累的财货越多，蓄积的怨恨也就越深，不灭亡还等待什么?

“对待百姓心中的愤怒，就像堤防大河一样，一旦崩溃了破坏一定很大。子常的下场能比成王和灵王好吗?成王对穆王无礼，临死时想吃熊掌，都没有得到就死了。灵王不顾百姓死活，全国的人都抛弃了他，就像丢下脚印一样。子常执政，他对别人的无礼和不顾百姓死活，比成王、灵王还厉害，他独自一个人有什么力量来抵御呢?”一年以后，就发生了柏举之战，子常逃亡到了郑国，楚昭王逃到随国。

七、严于律己

七、严于律己

道德是人类精神的自律，而自律贵在一个严字。先秦时期的思想家、教育家们对严于律己有很多深刻的论述，《尚书·伊训》篇中云："与人不求备，检身若不及。"即一个品格高尚的人对他人不求全责备，而对自身的检点与约束却惟恐不及他人。《论语·卫灵公》篇引孔子的话说："躬自厚而薄责于人，则远怨矣。"意思是一个人只有经常自觉地反省，多责备自己而少责备他人，那就可以免招怨恨了。《吕氏春秋·举难》篇对严于律己这一道德规范讲得更为透彻："君子责人则以人，自责则以义……自责以义则难为非，难为非则行饰……不肖者则不然，责人则以义，自责则以人……自责以人则易为，易为则行苟。"这段话的大意是，君子应以普通人的标准去衡量别人，而以高尚的义来要求自己。对自己做到高标准要求，就不容易犯错误。不容易犯错误，行为自然就端正了。小人却不是这样，他们往往以高标准衡量别人，以低标准要求自己。标准低了，当然容易达到，但也必然造成小人行为苟且。可见，在古代先哲看来，对己对人的评价指标应该是有区别的：一方面应严于律己，另一方面则应宽以待人。推而广之，古人还有所谓"亲者严、疏者宽"的教谕。即对与自己亲近的人应严格要求，对与自己关系比较疏远的人，则应宽容一些。《国语》对古人的上述伦理思想当然也有相应的体现，本节所选的四篇短文，正是以一个个具体的故事来阐释严于律己这一道德规范的。

第一篇《郤献子分谤》选自《国语》卷十一《晋语》。郤献子是晋国的高官，有一次他的同事韩厥按军法杀了一个人，郤献子想去求情已晚了一步，于是他要求将被杀者的罪状对众宣示，仆从不理解，问：“你不是原来打算去救人的吗？怎么又宣示那人的罪状呢？”郤献子回答说，我这样做是为了与韩将军分担责任呀。在郤献子宽以待人（包括被杀者和韩厥）的同时，又表现了他严于律己的高尚品德。

第二篇《訾祏死范宣子勉范献子》选自《国语》卷十四《晋语》。说的是晋国正卿范宣子教训儿子范鞅的故事。范鞅向父亲恳切地表示，今后立身处世，一切当从严于律己的态度来要求自己。范宣子听了儿子的回答后宽慰地说，如此我的儿子将来可以免遭祸害了。

第三篇《赵文子为室张老谓应从礼》也选自《国语》卷十四《晋语》，说的是晋国的执政官赵文子精心为自己建造宫室，大夫张孟见到后很有意见，并且直率地批评了他。赵文子自省之后也感到不妥，于是下令停止打磨房椽，而且有意把那些打磨到一半的房椽保留下来，作为对自己的警示。

第四篇《范献子戒人不可以不学》选自《国语》卷十五《晋语》，说的是范献子到鲁国访问时，因不知道避讳的学问，闹出了笑话。回国后他遍告朋友要努力学习，并以自己因缺少学问而贻笑大方的例子，说明君子只有具备渊博的知识才能造福于国家。

以上四篇短文，在阐释严于律己的角度、动机和作用方面虽各有不同，但对今人整体把握古代先哲关于严于律己的教谕是有一定帮助的。

郤献子分谤

靡笄之役[1]，韩献子将斩人[2]。郤献子驾[3]，将救之，至，则既斩之矣。郤献子请以徇[4]，其仆曰：“子不将救之乎？”献子曰：“敢不分谤乎！”

［1］靡笄：齐国山名，一说即今山东济南东南的历山。一说即今济南东北的华不注山。鲁成公二年（前 589 年）齐、晋两国在鞌地交战，齐军大败，晋军追至靡笄山下。［2］韩献子：即韩厥。将斩人：将要按军法斩人。［3］郤献子：即郤克。在这次战役中他任晋军主帅。驾：驾车前往。［4］徇：对众宣示。指郤献子请求向全军宣示处死者的罪状。

靡笄战役时，韩献子将要按军法斩人。郤献子驾车前往，想要营救那人，等他赶到，那人已被斩了。郤献子要陈尸示众，他的仆从说："您原先不是想要救他吗？"郤献子说："我岂敢不分担对韩将军的一些谤言呢！"

訾祏死范宣子勉范献子

訾祏死[1]，范宣子谓献子曰[2]："鞅乎！昔者吾有訾祏也，吾朝夕顾焉，以相晋国，且为吾家。今吾观女也，专则不能，谋则无与也，将若之何？"对曰："鞅也，居处恭，不敢安易，敬学而好仁，和于政而好其道，谋于众不以贾好，私志虽衷，不敢谓是也，必长者之由。"宣子曰："可以免身。"

［1］訾祏：晋国正卿范宣子的家臣。［2］范宣子：晋国正卿。献子：范献子，名鞅，是范宣子的儿子。

訾祏死了，范宣子对范献子说："范鞅呀，以前我有訾祏作为谋臣，我早晚都要询问他，来辅佐晋国，同时也为了自己的家族。如今我看你，独自不能办事，要商量又没有人，你打算怎么办？"献子说："我呀，平时处事要恭恭敬敬，不敢草率，贪图安逸，认真学习而喜爱仁义，和洽搞好政事而遵循正道，有事和大家商量，而不是以此求得好感，自己的想法虽然好，但不敢自以为是，一定要听从长者的意见。”宣子说：“这样可以免遭祸害了。”

赵文子为室张老谓应从礼

赵文子为室[1]，斫其椽而砻之[2]，张老夕焉而见之[3]，不谒而归。文子闻之，驾而往，曰：“吾不善，子亦告我，何其速也？”对曰：“天子之室，斫其椽而砻之，加密石焉[4]；诸侯砻之；大夫斫之；士首之[5]。备其物[6]，义也；从其等，礼也。今子贵而忘义，富而忘礼，吾惧不免，何敢以告。”文子归，令之勿砻也。匠人请皆斫之，文子曰：“止。为后世之见之也，其斫者，仁者之为也，其砻者，不仁者之为也。”

[1] 赵文子：即赵武，晋国正卿。 [2] 斫：砍削。砻：磨光。 [3] 张老：即张孟，晋国大夫。 [4] 密石：纹理细密的磨石。 [5] 首之：砍掉椽子的头。 [6] 备其物：备物得其所宜。

赵文子建造宫室，砍削房椽后又加以磨光，张老傍晚到文子那里看见后，没有拜见文子就回来了。文子听说，乘车去见张老，说：“我有不对的地方，你也应当告诉我，为什么走得这么快呢？”张老回答说：“天子的宫殿，砍削房椽后要粗磨，然后再用密纹石细磨；诸侯宫室的房椽要粗磨；大夫家的房椽要加砍削；士的房子只要砍掉椽头就可以了。备物得其所宜，这是义；遵从尊卑的等级，这是礼。现在你显贵了却忘掉义，富有了却忘掉礼，我恐怕你不能免祸，怎么敢告诉你呢。”文子回家后，命令停止磨光房椽。木匠建议把它们全部砍掉，文子说："不必这样。为的是让后代人看到，那些砍削的，是知仁义的人做的，那些打磨的，是不仁的人做的。"

范献子戒人不可以不学

范献子聘于鲁[1]，问具山、敖山[2]，鲁人以其乡对[3]。献子曰："不为具，敖乎？"对曰："先君献、武之讳也[4]。"献子归，遍戒其所知曰："人不可以不学。吾适鲁而名其二讳，为笑焉，唯不学也。人之有学也，犹木之有枝叶也。木有枝叶，犹庇荫人，而况君子之学乎？"

[1]范献子：即范鞅，范宣子的儿子。聘于鲁：去鲁国访问。 [2]具山、敖山：鲁国的两座山名。 [3]以其乡对：以这两座山所在地区的乡名回答。 [4]献、武之讳：鲁献公名具，鲁武公名敖。鲁人为避国君之讳，故以乡名代替山名。

范献子到鲁国出使访问，问及具山和敖山，鲁国人用两山的乡名来回答。献子说："难道不叫作具山和敖山吗？"鲁人回答说："那是我们先君鲁献公、鲁武公的名讳啊。"献子回国后，普遍告诫他所相识的人说："一个人不可以不学习。我到鲁国去就犯了他们二位先君的讳，惹人家笑话，就因为我不学习啊。一个人有学问，就好像树木上长满了枝叶。树木长满了枝叶，还可以让人遮阳乘凉，更何况是君子有学问呢？"

八、宽以待人

八、宽以待人

中国有一句俗话叫“宰相肚里行舟船”。姑且不论那些宰相们是否真的有度量，而且有那么大的度量，但人们尊重那些在历史和现实生活中有度量的人却是真实的。宽以待人在实践中的表现又可分为几种不同的形式。一种是有善不自伐。就是对人做了好事，不自矜伐，不成天放在口上，生怕别人不知道。另一种是有怨不计较。即使别人有意或无意伤害了自己，也以宽宏大量之风处之，不耿耿于怀。还有一种是以德报怨。于人有怨，不但不去计较，反而以德报之，这就更显出一个人的度量了。先秦时期的思想家、教育家们倡导和推崇宽以待人的道德规范，把它视为处理个人与他人道德关系的基本态度和要求。当然，古代先哲们在这里主张的宽以待人，并不是无原则的宽容退让，在为政治世方面，儒家主张宽严相济、恕惩结合。这里既包含着统治阶级维护其自身利益的目的，也反映了合理的为人处世的道理，值得今人借鉴。本节所选的四篇短文，其中前三篇为宽以待人的正训，最后一篇则为宽以待人的反训。

第一篇《臧文仲说僖公请免卫成公》选自《国语》卷四《鲁语》。臧文仲是鲁国的正卿，当时卫国国君成公因不服从晋国的盟主地位而遭逮捕，臧文仲说服鲁国国君僖公，终使卫成公得以赦免。卫成公送礼感谢，被臧文仲婉言谢绝了。这篇短文，阐释了“有善不自伐”这一宽以待人的道德表现。

第二篇《寺人勃鞮求见文公》和第三篇《文公遽见竖头须》均选自《国语》卷十《晋语》。勃鞮和竖头须都是晋文公的小臣，在晋文公当年流亡时，他们两人均曾背叛过他，并给他很大的伤害。晋文公回国执政后，对过去的这两个政敌表现了宽宏大度的胸怀，赢得了他们的拥戴。竖头须用钱财支持晋文公回国，勃鞮则向晋文公告发了一场针对他的宫廷政变阴谋，最终使晋文公挫败政变，巩固了在晋国的统治。这两篇短文，阐释的是有怨不计较和以德报怨的道德表现及其在为政中的作用。

第四篇《曹共公不礼重耳而观其骿胁》也选自《国语》卷十《晋语》。这篇短文说的是晋文公重耳当年流亡到曹国时，曹国国君共公非但不予礼遇，还偷看重耳洗澡。这就不仅违反了宽以待人的道德准则，还乘别人身处危难之时羞辱了他的人格。曹共公的这种作为，受到他臣下的严厉指责，并不可避免地受到报复，落得一个亡国亡君的应有下场。这篇短文可视为宽以待人的道德规范之反训。

臧文仲说僖公请免卫成公

温之会，晋人执卫成公归之于周[1]，使医鸩之[2]，不死，医亦不诛。

臧文仲言于僖公曰[3]:“夫卫君殆无罪矣。刑五而已[4]，无有隐者，隐乃讳也。大刑用甲兵，其次用斧钺，中刑用刀锯，其次用钻笮，薄刑用鞭扑，以威民也。故大者陈之原野，小者致之市朝，五刑三次，是无隐也。今晋人鸩卫侯不死，亦不讨其使者，讳而恶杀之也。有诸侯之请，必免之。臣闻之:班相恤也[5]，故能有亲。夫诸侯之患，诸侯恤之，所以训民也。君盍请卫君以示亲于诸侯[6]，且以动晋?夫晋新得诸侯，使亦曰:‘鲁不弃其亲，其亦不可以恶。’”公说，行玉二十瑴，乃免卫侯。

自是晋聘于鲁，加于诸侯一等，爵同，厚其好货。卫侯闻其臧文仲之为也，使纳赂焉。辞曰：“外臣之言不越境，不敢及君。”

［1］温之会：公元前632年，诸侯在温地（今河南省温县西南）盟会。卫成公不服从晋国的盟主地位，所以晋国逮捕了他，并把他押送到周关了起来。卫成公：卫国国君，公元前634年至前600年在位。［2］鸩：毒酒。［3］臧文仲：鲁国正卿。僖公：鲁国国君，名申，公元前659年至前627年在位。［4］刑五：指古代的甲兵、斧钺、刀锯、钻笮、鞭扑等五种刑罚。［5］班：地位相同者。［6］盍：何不。请卫君：为卫君求情。

诸侯在温地盟会时，晋国逮捕了卫成公，把他押送到周，指使医生用毒酒暗害他，没有成功，医生也没有受到报复。

臧文仲对鲁僖公说：“卫君大概没有罪了。刑不过五种，没有用毒死的方法去暗害的。暗害就得避嫌疑。大刑是用甲兵讨伐，其次是用斧钺杀戮，中刑是用刀锯断肢，其次是用钻笮毁容，最轻的是鞭打，用来威吓百姓。所以用甲兵、斧钺杀死的在野外执行，用刀锯处死的在市、朝执行，五种刑法三个场所，这些都没有隐蔽地执行的。现在晋人毒死卫侯不成功，也没有报复医生，是想避去暗害的嫌疑。倘若有诸侯出面替卫君求情，一定会得到赦免。我听说：地位相同的人互相体恤，所以能够关系亲近。诸侯有了患难，其他诸侯去体恤他，这样才能教育百姓互相帮助。你何不替卫君求情以在诸侯间显示你的爱心，并且以此感动晋侯呢？晋侯刚刚成为诸侯间的盟主，让他也认为：鲁国不背弃他亲近的诸侯，我们不可以待他不好。”僖公很高兴，用二十对白玉送给周王和晋侯，于是卫侯得到赦免。

自此以后晋国遣使到鲁国聘问，规格要比其他诸侯高一等，送的礼物也比和鲁国同等爵位的要好。卫侯听闻臧文仲对自己被释放的作用，派人送礼给他。臧文仲推辞说："别国臣子的话不越境，不敢和你有交往。"

寺人勃鞮求见文公

初，献公使寺人勃鞮伐公于蒲城[1]，文公逾垣，勃鞮斩其袪。及入[2]，勃鞮求见，公辞焉，曰："骊姬之谗[3]，尔射余于屏内，困余于蒲城，斩余衣袪。又为惠公从余于渭滨[4]，命曰三日，若宿而至。若干二命，以求杀余。余于伯楚屦困[5]，何旧怨也？退而思之，异日见我。"对曰："吾以君为已知之矣，故入；犹未知之也，又将出矣。事君不贰是谓臣，好恶不易是谓君。君君臣臣，是谓明训。明训能终，民之主也。二君之世，蒲人、狄人，余何有焉？除君之恶，唯力所及，何贰之有？今君即位，其无蒲、狄乎？伊尹放太甲而卒以为明王[6]，管仲贼桓公而卒以为侯伯[7]。乾时之役[8]，申孙之矢集于桓钩[9]，钩近于袪，而无怨言，佐相以终，克成令名。今君之德宇，何不宽裕也？恶其所好，其能久矣？君实不能明训，而弃民主。余，罪戾之人也，又何患焉？且不见我，君其无悔乎！"

于是吕甥、冀芮畏偪，悔纳文公，谋作乱，将以己丑焚公宫，公出救火而遂杀之。伯楚知之，故求见公。公遽出见之，曰："岂不如女言，然是吾恶心也，吾请去之。"伯楚以吕、郤之谋告公[10]。公惧，乘驲自下[11]，脱会秦伯于王城[12]，告之乱故。及己丑，公宫火，二子求公不获[13]，遂如河上，秦伯诱而杀之。

[1] 献公：晋献公。晋文公重耳的父亲。寺人：宫内的侍卫小臣，即后世的宦官。勃鞮：又称寺人披。伐公：攻打晋文公。蒲城：晋邑名，在今山西隰县西北。 [2] 及入：指晋文公回国执政。 [3] 骊姬：晋献公的妾，

曾以谗言陷害重耳，使之被迫长期在外流亡。［4］惠公：晋惠公。渭：渭水，位于陕西中部。［5］伯楚：勃鞮的字。［6］伊尹：商初大臣。太甲：商代国王，商汤的孙子。即位后不理国政，被伊尹放逐。三年后太甲悔过，又被接回复位。［7］桓公：齐桓公。此句指管仲曾为公子纠射中公子小白即后来的齐桓公衣带钩的事。［8］乾时：齐地名，在今山东临淄西南。乾时之役指公子纠和公子小白为争夺君位在乾时的战役。［9］申孙：一种箭的名称。［10］吕、郤：吕甥和郤芮。［11］驲：古代驿站的专用车。［12］脱：脱身。秦伯：指秦穆公。王城：秦邑名，在今陕西大荔东。［13］二子：指吕甥、冀芮。如：到。河：指黄河。

起先，晋献公派寺人勃鞮到蒲城去行刺公子重耳，重耳跳墙逃走，被勃鞮砍断了他的衣袖。到重耳返国即位，勃鞮来求见，晋文公拒绝接见他，说："以前骊姬进谗言陷害我的时候，你在屏门内向我射箭，还到蒲城围困我，砍断了我的衣袖。又为晋惠公追踪我到渭水岸边来谋杀我，惠公命令你三天到达，可是你隔一夜就来了。你两次受献公、惠公的命令，想要杀我。我屡次遭到你的逼迫，我和你又有什么旧怨呢？你回去好好想想，改日再来见我。"勃鞮回答说："我以为您已经懂得君臣之道，因此才返回晋国，原来您到现在还不懂得，那么又将出走了。事奉君主忠心不二，才是人臣；不因私人好恶而改变态度，才算君主。君要像君，臣要像臣，这是历来明确的教诲。能始终守住这一教诲，才可成为百姓的君主。在献公、惠公的时候，你只是蒲人和狄人，跟我有什么关系呢？铲除国君所痛恨的人，尽全力去完成，怎么能说是怀有二心呢？如今君主即位以后，难道说就没有蒲人、狄人了吗？商代的伊尹流放了太甲，终于让他成为贤明的君王。齐国的管仲射伤过齐桓公，最终使桓公称霸于诸侯。在乾时战役中，管仲用申孙之箭射中了桓公的衣带钩，衣带钩比衣袖口更接近要害，而桓公却没有怨言，任他为国相，一直到死，终于成就美名。如今您的德量气度，为什么不能宽大些呢？憎恶您应该喜爱的忠臣，您的君位还能保持长久吗？您实在是不能恪守住前人的教诲，抛弃了做君主的道理。我只是一个有罪的阉人，又有什么可担心的呢？您不接见我的话，难道就不会后悔吗！”

这时吕甥、冀芮害怕受到文公的迫害，后悔当初接纳文公，因此阴谋作乱，打算在己丑那天焚烧文公的宫殿，乘文公出来救火的时候加以杀害。勃鞮知道这一阴谋，因此来求见晋文公。文公马上出来接见，说：“难道不是像你所说的那样么，但确实是因我怨恨在心，我请从此改过。”勃鞮就将吕甥、冀芮的阴谋告诉了文公。文公很害怕，乘着驿车走小道，脱身跑到王城会见了秦穆公，告诉了穆公吕、冀作乱的阴谋。等到己丑那天，文公的宫殿果然起火，吕甥、冀芮两人没有捉到文公，于是跑到黄河边上，秦穆公把他们诱骗来杀了。

文公遽见竖头须

文公之出也[1]，竖头须[2]，守藏者也，不从。公入，乃求见，公辞焉以沐[3]。谓谒者曰[4]：“沐则心覆，心覆则图反，宜吾不得见也。从者为羁绁之仆[5]，居者为社稷之守，何必罪居者！国君而雠匹夫，惧者众矣。”谒者以告，公遽见之。

［1］文公之出：指晋文公被迫外出流亡的事。［2］竖头须：晋文公的小臣，又叫里凫须。在晋文公重耳逃出晋国时，他偷了财物潜逃，后用这些钱财设法让文公回国。［3］沐：洗头。指晋文公以洗头为托词拒见。［4］谒者：为国君掌管传达、通报的人。［5］从者：指跟随晋文公流亡的人。羁

绁之仆：牵马效劳的仆人。

晋文公出逃的时候，侍臣竖头须是负责管理钱财的，没有跟从流亡。文公回国后，他请求进见，文公推托说正在洗头而拒绝接见。竖头须对传达的人说："洗头的时候心就会倒过来，心倒过来所想的就会反过来，无怪我不能被接见了。跟从流亡的是牵马缰绳效劳的仆人，留在国内的是国家的守卫，何必要怪罪留在国内的人呢！身为国君而跟一个普通人为仇，那害怕的人就多了。"传达的人把这番话转告给文公，文公赶紧接见了他。

曹共公不礼重耳而观其骿胁

自卫过曹，曹共公亦不礼焉[1]，闻其骿胁[2]，欲观其状，止其舍，谍其将浴，设微薄而观之。僖负羁之妻言于负羁曰[3]："吾观晋公子贤人也，其从者皆国相也，以相一人，必得晋国。得晋国而讨无礼，曹其首诛也。子盍蚤自贰焉[4]？"僖负羁馈飧，置璧焉。公子受飧反璧。

负羁言于曹伯曰："夫晋公子在此，君之匹也，不亦礼焉？"曹伯曰："诸侯之亡公子其多矣，谁不过此！亡者皆无礼者也，余焉能尽礼焉！"对曰："臣闻之：爱亲明贤，政之干也。礼宾矜穷，礼之宗也。礼以纪政，国之常也。失常不立，君所知也。国君无亲，以国为亲。先君叔振[5]，出自文王，晋祖唐叔，出自武王，文、武之功，实建诸姬。故二王之嗣，世不废亲。今君弃之，不爱亲也。晋公子生十七年而亡，卿材三人从之，可谓贤矣，而君蔑之，是不明贤也。谓晋公子之亡，不可不怜也。比之宾客，不可不礼也。失此二者，是不礼宾，不怜穷也。守天之聚，将施于宜。宜而不施，聚必有阙。玉帛酒食，犹粪土也，爱粪土以毁三常，失位而阙聚，是之不难，无乃不可乎？君其图之。”公弗听。

［1］曹共公：曹国国君，名襄，公元前652年至前618年在位。亦不礼：指曹共公与卫国国君一样，对流亡来曹国的普公子重耳不加礼遇。［2］骈胁：连成一片的肋骨。时人误传重耳的肋骨与常人不同。［3］僖负羁：曹国大夫。［4］蚤自贰焉：指早点表示不同的态度。［5］叔振：周代曹国的始祖曹叔振铎，周文王的第六子，封在曹。

重耳一行自卫国经过曹国，曹共公也不以礼相待，听说重耳的肋骨生得连成一片，因此就很想看看是什么样子，便将重耳等安排在旅舍里，打听到重耳将要洗澡，张了很薄的帐幕偷偷观看。曹国大夫僖负羁的妻子对她丈夫说：“我看晋公子是个贤人，他的随从都是当国相的人才，辅佐晋公子一人，将来必定能回到晋国即位，得到晋国后讨伐无礼的国家，那么曹国就是他首先开刀的了。你为什么不早一点表示自己的不同态度呢？”僖负羁便馈赠了一盘食品给重耳，盘底还放着一块璧。重耳接受了食品，退回了璧。

僖负羁对曹共公说：“晋公子现在经过此地，和君王的地位相当，难道不应当以礼相待吗？”曹共公回答说：“诸侯各国在外逃亡的公子多了，谁不经过此地呢？逃亡的人都没有什么礼节可言，我怎么能一一都以礼相待呢？”僖负羁回答说：“我听说，爱护亲属，尊重贤人，是政事的主干。以礼待客，同情穷困，是礼仪的根本。用礼来治理国政，是国家的常道。失去了常道，就不能自立，这是君主所了解的道理。对国君来说没有私亲，只是以国为亲。我们的祖先叔振，是周文王的儿子，晋国的祖先唐叔，是周武王的儿子，周文王、武王的功劳，在于建立了许多姬姓的封国。所以二王的后代，世代都不抛弃相亲相爱的关系。如今国君丢弃了这一传统，是不爱亲属。晋公子十七岁流亡国外，三个具有卿相之才的人追随他，可称得上是贤人了，而君王轻视他，是不尊重贤人。说起晋公子出逃流亡，不可以不加怜悯。即使将他比作宾客，也不可不以礼相待。如果失去了这两者，那就是不以礼待客，不怜悯穷困了。守着上天所聚集的财富，应当施行于符合道义的事。符合道义的事而不能舍施，那么聚敛一定会缺失。玉帛和酒食，如同粪土一般，爱重粪土而毁弃三种立国的常道，那就会失去君位，丢掉聚集起来的财富，这样做是不难的，但恐怕不可以吧？希望国君好好想一想。”曹共公不听从僖负羁的劝告。

九、庄敬自强

九、庄敬自强

庄敬者，庄重严肃，自尊自信也，其要义在于自尊。自尊，是人们对自身价值的自我确认，也是对自身人格的自我尊重。人只有树立自尊心，方能有自信心，其行为才不至于苟且，进而养成高尚的品德节操。同时，人只有树立自尊心，也才能得到他人的尊重，并懂得尊重他人。反之，自轻自贱，缺乏自信，势必胸无大志，人品低下，召侮取辱。在先哲看来，自尊自信并不等同于自大自是，后者对自身价值往往作出过高的判断，这样自尊自信就流于骄傲自矜了。

自强者，坚毅奋发、自胜自立也，其要义在于自胜。自胜，指人能战胜自身存在的弱点和缺陷。一个人只有做到自胜，方能自立于社会。所以《老子》中说："胜人者有力，自胜者强。"意思是能战胜别人的人当然是有力量的，但能战胜自身弱点和缺陷的人才算是真正的强者。先哲非常重视和提倡自强的道德理念，《周易》中的"天行健，君子以自强不息"，作为一句著名的格言现在已被不少人奉为座右铭。

以上两个词组合而成的庄敬自强，不仅讲了人必须自尊自信，也讲了人必须自胜自立。在先秦时期的思想家看来，一个人能否达到这样的修养境界，在很大程度上，或者很多情况下，取决于他面对挑战，面对困厄，面对威胁时的表现。庄敬自强已成为在逆境中坚毅沉着、发愤为雄的道德努力和道德实践的形象表述。本节所选的三篇短文，对身处困境却不忘庄敬自强的晋国公子重耳和越王勾践的经历作了生动的介绍。

第一篇《重耳自狄适齐》选自《国语》卷十《晋语》。当时晋公子重耳因国内政局动荡，已被迫流亡狄地十二年。长期的困厄很容易摧毁一个人的意志，使他变得麻木不仁，丧失自尊自强的信心和魄力。在这关键时刻，重耳的忠实追随者狐偃提醒他不能在狄地停止不前、苟且荒废，而应去齐国寻求发展的机会。重耳接受了狐偃的建议，率党羽离开狄地开始了新的流亡之旅。

第二篇《楚成王以周礼享重耳》亦选自《国语》卷十《晋语》。重耳离开狄地后，辗转经过齐、卫、曹、宋、郑等国，饱受坎坷屈辱。当他来到楚国后，楚成王却给他以极高的礼遇。在宴请重耳之后，楚成王问重耳如能回到晋国当国君将何以报答，重耳回答说，要是托您的福，我能够回到晋国，将来万一晋、楚两国交战，我愿避开君王后退九十里。要是这样还不能得到您的谅解，那么我只好左手拿着鞭子和弓，右边挂上弓囊箭袋，奉陪您较量一番了。重耳的回答不卑不亢，最终以他的自尊和人格力量赢得了楚国君臣的敬重。

第三篇《勾践灭吴》选自《国语》卷二十《越语》。该短文说的是越王勾践在被吴国打败之后，一方面派大臣文种去吴国求和以麻痹敌人，争取喘息的时机；一方面卧薪尝胆，发愤图强，精心地谋划内政，迅速恢复了国力。在作了充分准备之后，果断出兵，连战三捷，最终打败强敌，一举灭亡了吴国。

重耳自狄适齐

文公[1]在狄十二年，狐偃[2]曰：“日，吾来此也，非以狄为荣，可以成事也。吾曰：‘奔而易达，困而有资，休以择利，可以戾也[3]。’今戾久矣，戾久将底[4]。底著滞淫，谁能兴之？盍速行乎！吾不适齐、楚，避其远也。蓄力一纪[5]，可以远矣。齐侯长矣[6]，而欲亲晋。

管仲殁矣，多谗在侧。谋而无正，衷而思始。夫必追择前言，求善以终，餍迩逐远，远人入服，不为邮矣[7]。会其季年可也[8]，兹可以亲。”皆以为然。

乃行，过五鹿[9]，乞食于野人。野人举块以与之，公子怒，将鞭之。子犯曰：“天赐也。民以土服，又何求焉！无事必象，十有二年，必获此土。二三子志之。岁在寿星及鹑尾[10]，其有此土乎！天以命矣，复于寿星，必获诸侯。天之道也，由是始之。有此，其以戊申乎[11]！所以申土也。”再拜稽首，受而载之[12]。遂适齐。

[1] 文公：晋文公名重耳，晋献公庶子，公元前636年至前628年在位。献公宠姬骊姬杀太子申生，立幼子为嗣，重耳自晋国出奔在外。狄：此指邻近晋国的一个少数民族邦国。 [2] 狐偃：字子犯，重耳的舅父，故又称舅犯。 [3] 戾：安定。 [4] 底：器物的下层，引申为停滞。 [5] 一纪：古人以十二年为一纪。这种计年方法与岁星纪年有关，参本篇注[10]。 [6] 齐侯：指齐桓公。长矣：年纪大了。 [7] 邮：韦昭注：邮，过也。 [8] 会其季年：指在齐桓公的暮年与之相会。 [9] 五鹿：卫国封邑，在今河南濮阳南。 [10] 岁：岁星，即木星。木星每年出现在黄道带中的某一部位，依次运行，每十二年绕天一周，古代曾据以纪年。句中提到的寿星、鹑尾，就是这十二个部位中的两个。 [11] 戊申：记日的干支。 [12] 受：指重耳接受了当地农夫所献之土块。

晋公子重耳在狄住了十二年。狐偃说：“当初我们到这儿来，不是因为狄地安乐，而是可以成就大事。我曾说过：‘狄地出走时容易到达，窘迫中能得到资助，通过休整可以选择有利的时机，因此才居留下来。’现在已经居住很久了，住久了便会停止不前，停止不前再加苟且荒废，谁还能振作有为？为什么不赶快走呢！当初我们不到齐、楚两国去，是怕路途太远。如今养精蓄锐了十二年，可以远行了。齐桓公年纪大了，想亲近晋国。管仲去世后，桓公身边尽是些谗谄小人，谋划没有人来匡正，心里就会怀念当初的盛况。因此他必定会重新考虑采纳管仲的忠告，希望求得一个好结果。齐国与邻国既已相安无事，就会谋求和远方的诸侯搞好关系，我们远方的人去投奔，就不会有什么过错。现在正值桓公的暮年，正是可以亲近他的好时机。”大家都觉得狐偃说得很对。

于是重耳一行便出发了。他们路过五鹿时，向田野里的农夫讨饭吃，农夫却把地里的泥土给他们，重耳很生气，想要鞭打他。狐偃说：“这是上天的赏赐啊。民众献土表示顺服，对此我们还别有什么可求的呢？上天要成事必定先有某种征兆，再过十二年，我们一定会获得这片土地。你们诸位记住，当岁星运行到寿星和鹑尾时，这片土地将归属我国。天象已经这样预示了，岁星再次行经寿星时，我们一定能获得诸侯的拥戴，天道十二年一转，征兆就是由此开始的。获得这块土地，应当是在戊申这一天吧！因为戊属土，申是推广的意思。”于是重耳再拜叩头，把泥土收下装在车上。然后，他们一行人便往齐国去了。

楚成王以周礼享重耳

遂如楚，楚成王以周礼享之[1]，九献[2]，庭实旅百[3]。公子欲辞，子犯曰：“天命也，君其飨之。亡人而国荐之，非敌而君设之，非天，谁启之心！”既飨，楚子问于公子曰[4]：“子若克复晋国，何以报我？”公子再拜稽首对曰：“子女玉帛，则君有之。羽旄齿革，则君地生焉。其波及晋国者，君之余也，又何以报？”王曰：“虽然，不穀愿闻之[5]。”对曰：“若以君之灵，得复晋国，晋、楚治兵，会于中原，其避君三舍[6]。若不获命，其左执鞭弭，右属櫜鞬[7]，以与君周旋。”

令尹子玉曰[8]：“请杀晋公子。弗杀，而反晋国，必惧楚师。”王曰：“不可。楚师之惧，我不修也。我之不德，杀之何为！天之祚楚[9]，谁能惧之？楚不可祚，冀州之土[10]，其无令君乎[11]？且晋公子敏而有文，约而不谄，三材待之[12]，天祚之矣。天之所兴，谁能废之？”子玉曰：“然则请止狐偃[13]。”王曰：“不可。《曹诗》曰[14]：‘彼己之子，不遂其媾。’邮之也。夫邮而效之，邮又甚焉。效邮，非礼也。”于是怀公自秦逃归[15]。秦伯召公子于楚[16]，楚子厚币以送公子于秦。

[1] 楚成王：楚国国君，名熊頵，公元前671年至前626年在位。此句指楚成王按照周王室款待诸侯的礼节招待晋公子重耳。 [2] 九献：帝王宴请上公的礼节，献酒共九次。 [3] 庭实：把礼物陈列在庭中，是诸侯间互相访问的一种礼节。旅：陈列。 [4] 楚子：即楚成王。 [5] 不穀：古代君主的一种谦称，有如寡人。 [6] 三舍：九十里。古代行军三十里后驻扎，称一舍。 [7] 弭：没有缘饰的弓。櫜鞬：櫜是箭囊，鞬是盛弓的弓袋。全句是表示拿起武器的婉词。 [8] 令尹：楚国的官名，为楚国的最高官职，掌军政大权。子玉：名成得臣，是楚国若敖的曾孙。 [9] 祚：保佑。 [10] 冀州：晋所在之地域名，古代九州之一，包括今山西、河北一带。 [11] 其无令君乎：难道不会出现其他贤明的国君吗？ [12] 三材：指三位有卿相之才的人。 [13] 然则：那么。止：扣留。 [14]《曹诗》：指《诗经·曹风·候人》。[15] 怀公：晋怀公。 [16] 秦伯：指秦穆公。

重耳一行到楚国去，楚成王用周王室待诸侯的礼节款待他，宴会上献酒九次,院子里陈列的酒肴礼器数以百计。公子重耳想要推辞,子犯说:“这是上天的意志,您还是接受吧。一个逃亡在外的人,竟用国君的礼节来进献,身份地位不相等,却像对待国君那样陈设礼物,若不是上天有灵,谁会使楚成王有这样的想法呢?”宴会之后,楚成王问公子重耳说:“您如果能够回到晋国当国君,用什么来报答我呢?”公子重耳跪拜叩头说:“美女、宝石和丝帛,您有的是。鸟羽、旄牛尾、象牙和犀皮革,贵国的土地上都生产。那些流传到晋国的,已经是君王剩下来的,又叫我用什么来报答您呢?”楚成王说:“虽然这样,我还是想听听您怎样报答我。”重耳回答说:“要是托您的福,我能够回到晋国,将来万一晋、楚两国交战,在中原相遇,我愿避开君王后退九十里。要是这样还得不到您的谅解,那么我只好左手拿着鞭子和弓,右边挂上弓囊箭袋,奉陪您君王较量一番。”

令尹子玉说:“请杀掉晋公子重耳。不杀的话,一旦他回到晋国,必然会对楚军造成忧患。”楚成王说:“不行。楚军有忧惧,那是我们自己不修德的缘故。我们自己不修德,杀了他又有什么用?如果上天保佑楚国的话,谁又能对楚国造成忧患呢?如果上天不能保佑楚国,那么晋国的土地上,难道就不会出现其他贤明的国君吗?而且晋公子为人通达又富于文辞,处在穷困之中,却不肯逢迎谄谀,又有三位卿相之材侍奉他,这是上天在保佑他啊。天意要叫他复兴,谁能够毁掉他呢?”子玉说:“那么就请把狐偃扣留起来。”楚成王说:“不行。《曹诗》上说:‘那个人呀,不能久享优厚的待遇。’这是指责一个人的过失。如果明知是错的再去仿效,那就错上加错了。仿效错的,这不符合礼啊。”正在这时晋怀公从秦国逃回了晋国。秦穆公派人到楚国来召请公子重耳,楚成王便用厚礼把重耳送到了秦国。

勾践灭吴

越王勾践栖于会稽之上[1]，乃号令于三军曰："凡我父兄昆弟及国子姓[2]，有能助寡人谋而退吴者，吾与之共知越国之政。"大夫种进对曰："臣闻之贾人，夏则资皮，冬则资絺，旱则资舟，水则资车，以待乏也。夫虽无四方之忧，然谋臣与爪牙之士，不可不养而择也。譬如蓑笠，时雨既至必求之。今君王既栖于会稽之上，然后乃求谋臣，无乃后乎？"勾践曰："苟得闻子大夫之言，何后之有。"执其手而与之谋。

遂使之行成于吴，曰："寡君勾践乏无所使，使其下臣种，不敢彻声闻于天王，私于下执事曰：寡君之师徒不足以辱君矣。愿以金玉、子女赂君之辱；请勾践女女于王，大夫女女于大夫，士女女于士。越国之宝器毕从，寡君帅越国之众，以从君之师徒，唯君左右之。若以越国之罪为不可赦也，将焚宗庙，系妻孥，沈金玉于江，有带甲五千人将以致死，乃必有偶。是以带甲万人事君也，无乃即伤君王之所爱乎？与其杀是人也，宁其得此国也，其孰利乎？"

夫差将欲听与之成[3]，子胥谏曰[4]："不可。夫吴之与越，仇雠敌战之国也。三江环之[5]，民无所移，有吴则无越，有越则无吴，将不可改于是矣。员闻之，陆人居陆，水人居水。夫上党之国[6]，我攻而胜之，吾不能居其地，不能乘其车。夫越国，吾攻而胜之，吾能居其地，吾能乘其舟。此其利也，不可失也已，君必灭之。失此利也，虽悔之，必无及已。"

越人饰美女八人纳之太宰嚭[7]，曰："子苟赦越国之罪，又有美于此者将进之。"太宰嚭谏曰："嚭闻古之伐国者，服之而已。今已服矣，又何求焉？"夫差与之成，而去之。

勾践说于国人曰："寡人不知其力之不足也，而又与大国执雠，以暴露百姓之骨于中原，此则寡人之罪也。寡人请更。"于是葬死者，问伤者，养生者，吊有忧，贺有喜，送往者，迎来者，去民之所恶，补民之不足。然后卑事夫差，宦士三百人于吴，其身亲为夫差前马。

勾践之地，南至于句无[8]，北至于御儿，东至于鄞，西至于姑蔑[9]，广运百里。乃致其父母昆弟而誓之曰："寡人闻，古之贤君，四方之民归之，若水之归下也。今寡人不能，将帅二三子夫妇以蕃。"令壮者无取老妇，令老者无取壮妻。女子十七不嫁，其父母有罪；丈夫二十不娶，其父母有罪。将免者以告，公令医守之。生丈夫，二壶酒，一犬；生女子，二壶酒，一豚。生三人，公与之母；生二人，公与之饩。当室者死，三年释其政；支子死，三月释其政。必哭泣葬埋之，如其子。令孤子、寡妇、疾疹、贫病者，纳宦其子。其达士，洁其居，美其服，饱其食，而摩厉之于义。四方之士来者，必庙礼之。勾践载稻与脂于舟以行，国之孺子之游者，无不铺也，无不歠也，必问其名。非其身之所种则不食，非其夫人之所织则不衣，十年不收于国，民俱有三年之食。

国之父兄请曰："昔者夫差耻吾君于诸侯之国，今越国亦节矣，请报之。"勾践辞曰："昔者之战也，非二三子之罪也，寡人之罪也。如寡人者，安与知耻？请姑无庸战。"父兄又请曰："越四封之内，亲吾君也，犹父母也。子而思报父母之仇，臣而思报君之雠，其有敢不尽力者乎？请复战。"勾践既许之，乃致其众而誓之曰："寡人闻古之贤君，不患其众之不足也，而患其志行之少耻也。今夫差衣水犀之甲者亿有三千，不患其志行之少耻也，而患其众之不足也。今寡人将助天灭之。吾不欲匹夫之勇也，欲其旅进旅退。进则思赏，退则思刑，如此则有常赏。进不用命，退则无耻，如此则有常刑。"果行，国人皆劝，父勉其子，兄勉其弟，妇勉其夫，曰："孰是君也，而可无死乎？"是故败吴于囿[10]，又败之于没[11]，又郊败之。

夫差行成[12]，曰："寡人之师徒，不足以辱君矣。请以金玉、子女赂君之辱。"勾践对曰："昔天以越赐吴，而吴不受命；今天以吴予越，越可以无听天之命，而听君之令乎？吾请达王甬句东，吾与君为二君乎。"夫差对曰："寡人礼先壹饭矣，君若不忘周室，而为弊邑宸宇，亦寡人之愿也。君若曰：'吾将残汝社稷，灭汝宗庙。'寡人请死，余何面目以视于天下乎！越君其次也。"遂灭吴。

[1] 勾践：越国国君，公元前497年至前465年在位。会稽：山名，在今浙江省绍兴市南，属四明山脉。 [2] 国子姓：与王同姓的宗族。 [3] 夫差：吴国国君，公元前495年至前473年在位。 [4] 子胥：即伍子胥，名员，吴国大夫。因吴王把申邑封给他，所以又称申胥。 [5] 三江：指浙江（即钱塘江）、松江（即吴淞江）和浦阳江。近人认为三江也可理解为多条水道的总称。 [6] 上党之国：党，处所；上党即高地。这里泛指中原各诸侯国。 [7] 太宰嚭：太宰，官名，相当于正卿。嚭，人名，姓伯，本为楚人，因避祸奔吴。 [8] 句无：古地名，在今浙江省诸暨县南。 [9] 姑蔑：古地名，在今浙江省衢县北。 [10] 囿：即笠泽。后人一般用作吴江县或吴淞江的别称。 [11] 没：古地名，今地未详。 [12] 行成：求和。

越王勾践兵败退守于会稽山上，于是向三军传令说："凡是我父老兄弟及同姓的宗族中，有能帮助我谋划打退吴国军队的，我愿同他共同管理越国的国政。"大夫文种进前回答说："我听说做生意的人，夏天就储备皮货，冬天就储备麻布，旱季就储备舟船，雨季就储备车辆，等待缺货时卖大价钱。平时即使没有四方的袭扰，但谋臣和武将一类的人才，不可不事先选拔培养。譬如蓑衣和笠帽，雨季到来后一定会派上用场。现在君王退守到会稽山上以后，才想到寻找谋臣，不也太晚了吗？”勾践说:“如果能听到您的高论,有什么晚的。”拉着他的手便和他商量起来。

于是派文种去吴国求和，说:“我们国君勾践没有人可派遣，派下臣我来，不敢当面与吴王谈，私下里跟他的办事人员说:我们国君的军队已不值得屈辱吴王亲自来讨伐了。我们愿意把金玉、美女奉献给吴王作为赔罪;请让勾践的女儿给吴王做女奴，大夫的女儿给吴国的大夫做女奴，士的女儿给吴国的士人做女奴。越国的财宝重器全都献上，我们国君率领越国的军队，随从吴王的军队，听凭吴王调遣。如果你们认为越国的罪不可宽恕，那我们将烧掉本国的宗庙，与妻子百姓死生同命，把金玉沉入江中。我们有披甲的士兵五千人准备拼死抵抗，那就必定一个顶俩，等于有披甲的士兵一万人为国君效死，这不就会伤了吴王所爱的部下吗？你们与其杀了这些越国人，还不如得到这个国家的臣服，哪个更有利呢？”

夫差准备听从文种的话跟越国讲和，伍子胥劝告说:“不行。吴国和越国，是天生的敌国。三条大江环绕着吴越两国，百姓无处迁移，有吴就不能有越，有越就不能有吴，这是不可改变的事情。我听说，陆地上的人习惯住在陆地，水边的人习惯住在水边。那些高地上的诸侯国，我们即使进攻并战胜了它，也不能居住在它们的土地上，不能乘坐它们的车辆。而越国，我们进攻并战胜它，就能居住它的土地，乘坐它的舟船。这是有利的事情，不可失掉良机，君王一定要灭了它。失掉这个利益，以后虽然后悔，也必定来不及了。”

越国人把打扮好的八个美女进献给太宰嚭，说:“您如果宽赦越国的罪，还有比这些更美的女子进献给您。”于是太宰嚭劝谏吴王说:“我听说古代讨伐别的国家，只要它降服就可以了。如今越国已经服从，还要求什么呢？”夫差跟越国讲和后，就打发文种回去了。

勾践对国人说：“我不知道我们的国力不足，却与大国结仇，因此连累百姓的尸骨暴露在原野上，这是我的罪过，请允许我改正。”于是就埋葬那些战死的人，照顾那些受伤的人，教养活着的人，慰问有丧事的人，祝贺有喜事的人，对离去的人给予帮助，对迁来的人给予安排，废弃百姓所厌恶的规章制度，补充百姓认为不够的事情。然后卑躬屈膝地事奉夫差，派遣三百个士人去吴国当奴仆，他还亲自走在夫差的马车前为他开路。

当时勾践统治的土地，南面到句无，北面到御儿，东面到鄞，西面到姑蔑，方圆百里。勾践召集了父老兄弟然后发誓说：“我听说，古代的贤君，四方的民众都愿意归附他，好比水往低处流一样。现在我没有这个能耐，但要带领你们各个家庭多生儿育女，使人口繁殖增加起来。”于是下令壮年男子不准娶老妇，老年男子不准娶壮妻。姑娘十七岁还不嫁人，她的父母就要论罪；小伙二十岁不娶妻，他的父母也要论罪。有要生孩子的报告上去，公家派医生守护。生了男孩，赏两壶酒，一条狗；生了女孩，赏两壶酒，一头小猪。生三胞胎的，公家供给乳母；生双胞胎的，公家供给食物。嫡子死了，免除三年徭役；庶子死了，免除三个月的徭役，而且勾践一定亲自哭着参加埋葬，像对待自己的儿子一样。命令凡是鳏夫、寡妇、有病和贫弱的家庭，由公家供给其子女生活费用。对那些有才干的人，提供他们整洁的住房，给他们穿好的，吃好的，让他们切磋磨练以崇尚正义。对各地来投奔的士人，一定在庙堂里以礼接待。勾践还坐着装载粮食和肥肉的船出行，遇到流浪的年轻人，没有不给吃，不给喝的，一定记下他们的姓名。不是他亲自种出的粮食就不吃；不是他夫人亲自织成的布就不穿。整整十年在国内不收赋税，百姓家里备有三年的存粮。

越国的父老兄弟向勾践请求说：“过去夫差在诸侯面前使您蒙受耻

辱，如今越国已恢复国力，我们请求报复吴国！”勾践辞谢说：“过去的战争失利，不是你们的罪过，而是我的罪过。像我这样的人，哪里值得你们跟我共同承担耻辱，请你们姑且不要言战。”父兄们又请求说：“越国四境之内，百姓爱我们的国君，就像爱自己的父母一样。儿子想为父母报仇，臣下想为国君报仇，哪有敢不尽全力的！请再和吴国打一仗。”勾践于是答应了他们的请求，召集国人发誓说：“我听说古代的贤君，不担忧他的军队不够，而担忧他本人的志向操行不够高尚。现在夫差拥有穿着水牛皮铠甲的军队十万三千人，不担忧自己的志向操行不够高尚，却还担忧他的军队不够。现在我将帮助上天灭掉它。我不想要匹夫之勇的士兵，而希望大家统一步调，共同行动。前进时就想到奖赏，后退时就想到刑罚，这样才能有赏赐。前进时不听号令，后退时还不知羞耻，这样就会有惩罚。”军队出发了，国人都彼此勉励。父亲勉励儿子，哥哥勉励弟弟，妻子勉励丈夫，大家说：“谁有我们这样好的国君啊，还能不为他拼死作战吗？”所以在囿这个地方打败了吴军，又在没这个地方打败了吴军，最后在吴国国都的郊外第三次打败了吴军。

夫差请求讲和，说：“我的军队已经不值得屈辱您亲自讨伐了，请允许我把金玉美女进献给您作为赔罪。”勾践回答说：“过去上天把越国赐给吴国，而吴国没有接受天命；现在上天又把吴国交给越国，越国难道可以不听天命，却听你的命令吗？请让我把你送到甬句东去，我和你共同做越国的国君吧。”夫差回答说：“从情礼说，以前我曾有恩于越国，您如果不忘周王室的情面，而给吴国一点屋檐下的地方立脚，也是我的愿望。您如果说：‘我将摧残你的社稷，毁坏你的宗庙。’我就只有请求一死，我还有什么脸给天下人看笑话啊！您就带领军队进占吴国吧。”于是越国就灭了吴国。

十、重义轻利

十、重义轻利

中国古代伦理史上的“义利之辨”是中国传统道德价值论的基本问题，内容相当丰富。但无论是持道义论的义利观，还是持功利论的义利观，都突出义的地位，体现了重义轻利的精神。以今天的标准审视，中国古代伦理学在义利问题上的这一价值取向仍然是应予肯定和借鉴的。任何社会都不能没有道德，即使是以求利为目的的经济活动，也不可不讲道德，这是中国古代重义轻利思想的一个重要依据和前提。当然，“义”不是求利行为的唯一标准，但如果见利忘义、唯利是图，那势将破坏正常的经济秩序，整个社会也无法得以安定。先秦时期儒家所理解的“义”，主要指道义、正义和公利；而“利”主要指个人的私利。在儒家看来，义和利孰主孰次，孰轻孰重，是划分君子和小人、善与恶的界限。儒家的这些观点，在《国语》中也有类似的体现。本节所选的四篇短文，可供我们了解古人是如何认识和实践重义轻利这个道德理念的。

第一篇《武公伐翼止栾共子无死》与第二篇《邮无正谏赵简子无杀尹铎》分别选自《国语》卷七和卷十五的《晋语》。这两篇短文从正面为我们树立了像栾共子、尹铎、邮无正这样的重义轻利的高尚典型。其中，栾共子作为晋哀侯的大夫，在晋国内部的政权更迭中，他所效忠的哀侯被杀，新君武公劝他归服，并许诺他担任晋国的上卿。面对高官厚禄的利诱，栾共子拒绝了武公的劝降，战斗而死。尹铎作为晋国上卿赵简子的家臣，因公得罪了赵简子。晋国大夫邮无正原本与尹铎有私仇，却公开站出来为尹铎辩护。尹铎为此特去致谢，邮无正回答他，我这是为公利着想，并不是为了你而这样做的。我俩之间的私怨还是私怨。这个故事让我们了解到尹铎和邮无正两人出以公心、重义轻利的高贵品格。

第三篇《芮良夫论荣夷公专利》与第四篇《董叔欲为系援》分别选自《国语》卷一《周语》与卷十五《晋语》。这两篇短文为我们讲述了荣夷公、董叔或唯利是图、或攀龙附凤，最终身败名裂、自取其辱的故事，为重义轻利这一道德命题提供了深刻的反训。

综观以上四篇短文，尽管其内容中掺杂了当时统治阶级提倡的愚忠等不正确的观念，尽管当时社会理解的公利实质上仍然只是统治阶级的私利，但重义轻利所代表的行为准则和价值取向无疑在今天还是完全适用的。我们应从正面去理解这一道德命题，并在新的时代继续弘扬重义轻利的崇高精神。

武公伐翼止栾共子无死

武公伐翼[1]，杀哀侯[2]，止栾共子曰[3]："苟无死，吾以子见天子，令子为上卿，制晋国之政。"辞曰："成闻之：'民生于三[4]，事之如一。'父生之，师教之，君食之。非父不生，非食不长，非教不知生之族也，故壹事之。唯其所在，则致死焉。报生以死，报赐以力，人之道也。臣敢以私利废人之道，君何以训矣？且君知成之从也[5]，未知其待于曲沃也[6]。从君而贰，君焉用之？"遂斗而死。

[1] 武公：晋武公，名称。公元前678年至前677年为晋国国君。翼：晋国都城，在今山西省翼城县东。 [2] 哀侯：晋哀侯，名光，公元前717年至前710年在位。 [3] 止：扣留。栾共子：又叫共叔成，晋哀侯的大夫。[4] 民生于三：此处"三"系指君、师、父。 [5] 成：即栾共子。共叔成。[6] 曲沃：晋武公的封地，在今山西省闻喜县境内。

武公讨伐翼城，杀了晋哀侯，劝阻晋哀侯的大夫栾共子说："假如你不为哀侯效忠而死，我将带你去进见天子，让他任命你当上卿，掌管晋国的政务。"栾共子拒绝说："我听说过：'人在世间生活靠的是父亲、师长和国君，要始终如一地事奉他们。'父亲给我生命，师长给我教诲，国君给我食禄。没有父亲就不会来到世间，没有国君的食禄就不会长大，没有师长的教诲就不会知道家族的历史，所以必须一心一意事奉他们。只要是他们的事，就应出死力去办。用死报答他们的养育，用力报答他们的惠赐，这是做人的道理。我岂敢为了一己的私利废弃做人的道理，那样的话你又怎么教我尽忠呢？况且你只知道劝我不为哀侯效忠而死，却不知道我如苟且到曲沃事奉你，就是怀有二心。跟随国君的人却怀有二心，国君要用他干什么？"于是战斗而死。

邮无正谏赵简子无杀尹铎

赵简子使尹铎为晋阳[1]，曰："必堕其垒培。吾将往焉，若见垒培，是见寅与吉射也[2]。"尹铎往而增之。简子如晋阳，见垒，怒曰："必杀铎也而后入。"大夫辞之，不可，曰："是昭余仇也。"邮无正进[3]，曰："昔先主文子少衅于难[4]，从姬氏于公宫[5]，有孝德以出在公族[6]，有恭德以开在位，有武德以羞为正卿，有温德以成其名誉，失赵氏之典刑，而去其师保[7]，基于其身，以克复其所。及景子长于公宫[8]，未及教训而嗣立矣，亦能纂修其身以受先业，无谤于国，顺德以学子，择言以教子，择师保以相子。今吾子嗣位，有文之典刑[9]，有景之教训[10]，重之以师保，加之以父兄，子皆疏之，以及此难。夫尹铎曰：'思乐而喜，思难而惧，人之道也。委土可以为师保，吾何为不增？'

是以修之，庶日可以鉴而鸠赵宗乎！若罚之，是罚善也。罚善必赏恶。臣何望矣！”简子说，曰：“微子，吾几不为人矣！”以免难之赏赏尹铎。初，伯乐与尹铎有怨[11]，以其赏如伯乐氏，曰：“子免吾死，敢不归禄。”辞曰：“吾为主图，非为子也。怨若怨焉[12]。”

［1］赵简子：赵鞅，也称赵孟，晋国的上卿。尹铎：赵简子的家臣。［2］寅：荀寅。吉射：范吉射，荀寅的女婿。公元前497年，赵简子杀邯郸大夫赵午，赵午的舅舅荀寅与其婿范吉射作乱，围攻赵简子，迫使赵简子出逃至自己的封邑晋阳，由于董安于力战，方得解围。［3］邮无正：邮良伯乐，晋国大夫。［4］文子：赵文子，即赵武，赵简子的祖父。［5］姬氏：庄姬，赵文子的母亲，晋景公的女儿。［6］公族：指公族大夫。［7］师保：太师、太傅、太保、少师、少傅、少保等官，统称为师保。［8］景子：赵成，赵文子的儿子，赵简子的父亲。［9］文：指赵文子。［10］景：指赵景子。［11］伯乐：即邮无正，伯乐是他的字。［12］怨若怨焉：指“我”与“你”之间的私怨还是私怨。

赵简子派尹铎治理晋阳，说：“一定要拆毁那里的壁垒。我将要到那儿去，如果看见了壁垒，那就等于又见到了荀寅和范吉射。”尹铎到晋阳后就增高了壁垒。赵简子到晋阳，看见了壁垒，发怒说：“一定要杀了尹铎以后我再入城。”大夫们请求不要杀，简子不肯，说：“这是炫耀我的仇敌啊。”邮无正走上前，说：“从前先主赵文子年轻时遭受祸难，随从母亲姬氏在公宫，因为有孝顺之德做了公族大夫，有恭敬之德而晋升为卿，有勇武之德而担任正卿，有温顺之德而成就美名，虽然他未能得到赵氏的常法，又失去了师保的教养，但是由于自身的修养，却能恢复先人的德业。到您的父亲景子，也生长在公宫，没有受到师保的教诲，就继承了先主的官爵，他也能加强自身的修养来承受先人的德业，国中没有人说他的坏话，又能顺从道德来教养儿子，选择善言来教育儿子，挑选师保来辅导儿子。现在您继承了爵位，有祖父赵文子的常法，有父亲景子的教诲，再加上有师保的教养，同族父兄的指导，而您却疏忽这些，从而遭到这场祸难。尹铎说：‘想到安乐而感到高兴，想到危难而产生恐惧，这是人的常情。壁垒可以作为师保，我为什么不把它增高呢？’所以他修筑增高了壁垒，这样可以作为鉴戒而安定赵氏宗族啊！如果处罚尹铎，那就是处罚好人。处罚好人就必定奖赏坏人，做臣的还有什么指望呢！”简子听了很高兴，说：“如果没有你，我几乎不能算是人了！”于是就用免除祸难的军功来奖赏尹铎。起初，邮无正与尹铎有怨仇，尹铎带着奖赏到邮无正那里，说：“您救了我的命，怎能不把这奖赏归你呢。”邮无正辞谢说：“我是为君主考虑，不是为你。怨仇还是怨仇。”

芮良夫论荣夷公专利

厉王说荣夷公[1]，芮良夫曰[2]：“王室其将卑乎！夫荣公好专利而不知大难。夫利，百物之所生也，天地之所载也，而或专之，其害多矣。天地百物，皆将取焉，胡可专也？所怒甚多而不备大难，以是教王，王能久乎？夫王人者，将导利而布之上下者也，使神人百物无不得其极，犹日怵惕，惧怨之来也。故《颂》曰[3]：‘思文后稷，克配彼天。立我蒸民，莫匪尔极。’《大雅》曰[4]：‘陈锡载周。’是不布利而惧难乎？故能载周，以至于今。今王学专利，其可乎？匹夫专利犹谓之盗，王而行之，其归鲜矣。荣公若用，周必败。”既，荣公为卿士，诸侯不享，王流于彘[5]。

[1] 厉王：西周国君，名胡。说：同“悦”。荣夷公：封地在荣（今陕西户县）的诸侯，“夷”是他死后的谥号，故称。[2] 芮良夫：周大夫，其封地在芮（今陕西大荔）。[3]《颂》：下引诗句出自《诗·周颂·思文》，这是一首周人祭祀其始祖后稷的乐歌。[4]《大雅》：下引诗句出自《诗·大雅·文王》，这是一首颂扬周文王业绩的诗歌。[5] 流：流放。彘：地名，今山西省霍县东北。公元前841年国人起义，周厉王被放逐于彘。

周厉王喜欢荣夷公，芮良夫说：“王室将要衰落了！荣夷公只求独占财利而不知道大难。利是由万物中产生出来的，是由天地所养育而成的，假如要独占它，所带来的怨恨会很多。天地万物，人人都要取用，怎么可以独占呢？触怒的人太多而不防备大难，用这些来引导陛下，陛下能长治久安吗？治理天下的人，应该开通利途而分配给上上下下的人，使天神百姓和世间万物无不得到它应得的一份，即使这样尚且天天担忧，害怕招来怨恨。所以《颂》诗说：‘文德郁盛的后稷啊，功堪比天；使百姓得以生存，无不受到恩惠。’《大雅》说：‘广泛地施德，奠定了周朝。’这不正是布施恩惠仍怀有戒惧之心吗？所以能开创王业并延续至今。现在陛下要效法独占财利，这可以吗？普通人独占财利，尚且被称为盗贼，作为天子这样做的话，归附王室的人就少了。荣夷公若被重用，周朝一定会败亡。”不久，荣夷公当上了卿士，诸侯都不来朝见献享了，厉王被放逐到了彘地。

董叔欲为系援

董叔将娶于范氏[1]，叔向曰[2]：“范氏富，盍已乎[3]！”曰：“欲为系援焉。”他日，董祁愬于范献子曰[4]：“不吾敬也。”献子执而纺于庭之槐[5]，叔向过之，曰：“子盍为我请乎？”叔向曰：“求系，既系矣；求援，既援矣。欲而得之，又何请焉？”

［1］董叔：晋国大夫。范氏：指范宣子的女儿，范献子的妹妹，名祁。［2］叔向：晋国大夫，又叫羊舌肸。曾任晋悼公太子的老师。［3］盍：此处作“何不”义。已：停止。［4］董祁：董叔的妻子，即范宣子的女儿祁，因嫁给董叔，故称董祁。愬：同“诉”。［5］纺：读作 bǎng，同“绑”。

董叔将要娶范献子的妹妹范祁做妻子，叔向说：“范家富有，我看这门亲事就算了吧！”董叔回答说：“我正想借婚姻的联系来攀附范氏家族呢。”婚后某一天，范祁向范献子诉说：“董叔不尊敬我。”献子就把董叔抓来捆绑了，吊在院子里的槐树上。正巧叔向经过那里，董叔说：“你何不替我去求求情呢？”叔向说：“你过去谋求联系，现在已经系上了；想求攀援，已经攀援上了。你想得到的都已经得到了，还有什么可请求的呢？”

十一、志存高远

十一、志存高远

何谓志？古人说："志者，心之所之也。"也就是说，志是人们对某种既定的奋斗目标所立下的宏愿和决心。中国古代思想家认为，一个人的志向状况对于其个人修养和整个人生具有重要的意义。这种意义表现在：首先，志乃人之本、舟之舵、水之源、木之根。一个人只有明确志向，才有努力的目标，不致成为碌碌无为的庸人。其次，人只有明确志向，才能激发起积极进取的精神，为事业成功打下基础，即所谓有志者事竟成。第三，志有大小、高下之分，人应立大志，以天下为己任，以圣贤自期，这就是本节的标题志当存高远。古代先哲还认为，光有志是不够的，还得躬行践履，体现在行动中。只有在实事实功中磨砺自己的高远之志，志向才会更加坚定，才会愈挫愈奋，而不致流于虎头蛇尾，有始无终。本节所选的三篇短文，具体说明了立志、砺志与事业的关系。由于《国语》的编纂者主要以统治阶级及其子弟为教育对象，所以这三篇短文均未涉及个人修养层面上的志向问题，而主要着眼于统治者在报国复邦、治国平天下的过程中志存高远的重要意义。

第一篇《魏绛谏悼公伐诸戎》选自《国语》卷十三《晋语》。魏绛是晋悼公的大夫，当时晋国与边境上的戎人、狄人等少数民族的邦国接壤，常有战端发生，晋国因此而不得安宁。晋悼公打算通过大举讨伐彻底征服这些国家，魏绛则认为民族之间的矛盾是不能用战争的方式求得解决的。他以民族和睦、协和万邦的远大志向劝告晋悼公，并从三个方面详细分析了与戎人、狄人建立亲善睦邻关系的益处，终使悼公接受了劝谏，晋国也赢得了边境的安宁。

第二篇《范蠡进谏勾践持盈定倾节事》及第三篇《范蠡谏勾践勿许吴成卒灭吴》均选自《国语》卷二十一《越语》。范蠡是越王勾践的著名谋士，在吴越争霸的过程中，起初曾反对勾践贸然发动战争，但勾践没有听从，导致越国在五湖之战中兵败，被迫退守会稽山。勾践痛定思痛，遂向范蠡求教使越国转危为安的方法。范蠡以报国复邦的远大志向劝说他发奋图强，同时又向他详细谋画了实现这一远大志向的具体蓝图。在勾践与范蠡、文种等人君臣一心、共同努力下，经过十年生聚、十年教训，越国终于实现了报国复邦的志向。

以上三篇短文启示我们，处在国家管理者的地位，必须从维护国家最高利益的角度出发，正确地立志，坚定不移地砺志，才能做到志存高远、奋发蹈厉，人尽其才，事竟其功。

魏绛谏悼公伐诸戎

五年[1]，无终子嘉父使孟乐因魏庄子纳虎豹之皮以和诸戎[2]。公曰："戎、狄无亲而好得[3]，不若伐之。"魏绛曰："劳师于戎，而失诸华[4]，虽有功，犹得兽而失人也，安用之？且夫戎、狄荐处[5]，贵货而易土。予之货而获其土，其利一也；边鄙耕农不儆，其利二也；戎、狄事晋，四邻莫不震动，其利三也。君其图之！"公说，故使魏绛抚诸戎，于是乎遂伯。

[1] 五年：晋悼公五年，公元前568年。 [2] 无终：邻近晋国的戎族邦国名。嘉父：无终国的国君。孟乐：无终国的大臣。因：通过。魏庄子：即魏绛，晋国大夫。 [3] 戎、狄无亲：指戎人、狄人与中原地区的民众没有

亲缘关系。好得：贪得财货。［4］华：华夏，指中原地区国家。［5］荐处：逐水草而居，徙无常处。荐，兽所食草。

晋悼公五年，无终国国君嘉父派孟乐通过魏绛的关系献虎豹皮，请求晋国与戎族各部落和好。悼公说："戎人、狄人与我们没有亲缘恩义而贪得财货，不如讨伐他们。"魏绛说："对戎人用兵，而失掉中原各国，即使成功，就像获得禽兽而失掉了人一样，有什么用处呢？而且戎人、狄人聚族而居，重视财货而轻视土地。给予它们财货而获得他们的土地，这是第一个好处；边境一带耕作的农民不再警戒担忧，这是第二个好处；戎人、狄人奉事晋国，四方的邻国没有不恐惧的，这是第三个好处。请君王仔细地考虑考虑。"悼公听了很高兴，便派魏绛安抚戎族各部落，于是就称霸天下。

范蠡进谏勾践持盈定倾节事

越王勾践即位三年而欲伐吴[1]。范蠡进谏曰[2]："夫国家之事，有持盈[3]，有定倾[4]，有节事[5]。"王曰："为三者，奈何？"对曰："持盈者与天，定倾者与人，节事者与地。王不问，蠡不敢言。天道盈而不溢，盛而不骄，劳而不矜其功。夫圣人随时以行，是谓守时。天时不作，弗为人客[6]；人事不起，弗为之始。今君王未盈而溢，未胜而骄，不劳而矜其功，天时不作而先为人客，人事不起而创为之始，此逆于天而不和于人。王若行之，将妨于国家，靡王躬身。"王弗听。

范蠡进谏曰："夫勇者，逆德也；兵者，凶器也；争者，事之末也。阴谋逆德，好用凶器，始于人者，人之所卒也。淫佚之事，上帝之禁也。先行此者，不利。”王曰：“无是贰言也，吾已断之矣！”果兴师而伐吴，战于五湖[7]，不胜，栖于会稽。

王召范蠡而问焉，曰：“吾不用子之言，以至于此，为之奈何？”范蠡对曰：“君王其忘之乎？持盈者与天，定倾者与人，节事者与地。”王曰：“与人奈何？”对曰：“卑辞尊礼，玩好女乐，尊之以名，如此不已，又身与之市。”王曰：“诺。”乃命大夫种行成于吴[8]，曰：“请士女女于士，大夫女女于大夫，随之以国家之重器。”吴人不许。大夫种来而复往，曰：“请委管籥[9]，属国家，以身随之，君王制之。”吴人许诺。王曰：“蠡为我守于国。”对曰：“四封之内，百姓之事，蠡不如种也。四封之外，敌国之制，立断之事，种亦不如蠡也。”王曰：“诺。”令大夫种守于国，与范蠡入宦于吴。

三年，而吴人遣之归。及至于国，王问于范蠡曰：“节事奈何？”对曰：“节事者与地。唯地能包万物以为一，其事不失。生万物，容畜禽兽，然后受其名而兼其利。美恶皆成，以养其生。时不至，不可强生；事不究，不可强成。自若以处，以度天下。待其来者而正之，因时之所宜而定之。同男女之功，除民之害，以避天殃。田野开辟，府仓实，民众殷。无旷其众，以为乱梯。时将有反，事将有间，必有以知天地之恒制，乃可以有天下之成利。事无间，时无反，则抚民保教以须之。”

王曰：“不穀之国家[10]，蠡之国家也，蠡其图之！”对曰：“四封之内，百姓之事，时节三乐，不乱民功，不逆天时，五谷睦熟，民乃蕃滋，君臣上下交得其志，蠡不如种也。四封之外，敌国之制，立断之事，因阴阳之恒，顺天地之常，柔而不屈，强而不刚，德虐之行，因以为常；死生因天地之刑，天因人，圣人因天；人自生之，天地形之，圣人因而成之，是故战胜而不报，取地而不反，兵胜于外，福生于内，用力甚少，而名声章明，种亦不如蠡也。”

王曰：“诺。”令大夫种为之。

［1］勾践：越国国君，公元前497年至前465年在位。［2］范蠡：越国大夫，字少伯。［3］持盈：盈，盛满之义。指极盛时要保持谨慎。［4］定倾：倾，倾覆。指国家面临倾覆时要设法转危为安，使之安定。［5］节事：节，节制。指国家应简政，不烦扰百姓。［6］人客：韦昭注：“攻者为客。”［7］五湖：韦昭注以为即今之太湖。［80］种：文种，越国大夫。行成：求和。［9］管籥：籥同“钥”，国库的钥匙。［10］不穀：不善。古代诸侯自称的谦词。

越王勾践继承王位后的第三年就想去攻打吴国。范蠡进谏说：“治理国家有三件事要注意：国家强盛时要设法保持下去；国家将倾覆时要设法转危为安；平时处理国家政事要得当。”越王问：“要做到这三点该怎么办呢？”回答说：“要保持国家强盛就应顺从天道，要使国家转危为安就应顺从人道，要妥善地处理国家政事就应顺从地道。君王不问我，我不敢说。天道要求我们盈满而不过分，气盛而不骄傲，辛劳而不自夸有功。圣人顺着天时行事，这就叫守时。对方没有天灾，不要发动进攻；对方没有人祸，不要挑起事端。现在君王没有等到国家殷富，就要采取过分的举动；没有等到国势强盛，就骄傲起来；没有辛劳，就夸耀自己的功劳；对方没有天灾，就想发动进攻；对方没有人祸，就要挑起事端。这样会违背天意，而且失掉人和。君王如果这样做，必将危害国家，损害自身。”越王不肯听范蠡的话。

范蠡又进谏说：“好勇斗狠是违反道德的行为；攻战的兵器是不吉祥的器物；战争是一种最后的手段。阴谋做不道德的事情，喜欢使用不吉祥的器物，首先向别人挑起事端的人，最终反要被人所害。做得过分的事情是上天所禁止的。首先挑起战争，决不会有好处。”越王说：“不要再说这些惑乱视听的话了，我已经拿定主意！”越王果然出兵攻打吴国，在五湖之战中打了败仗，退守到会稽山上。

越王召见范蠡向他请教说：“我没有听从你的话，以至到了这步田地，现在该怎么办呢？”范蠡答道：“君王难道忘了吗？保持强盛要顺从天道，转危为安要顺从人道，处理政事得当要顺从地道。”越王问：“要顺从人道，该如何去做？”回答说：“现在应该用极谦卑的辞令，极恭敬的礼节，带上珍宝和女乐，去向吴王求和，用高贵的名号推崇他。如果这样还不行，君王那就只有亲自去做他的奴仆。”越王说：“好吧。”于是派大夫文种去吴国求和，说：“越国愿意把士人的女儿都送给贵国的士做女奴，大夫的女儿都送给贵国的大夫做女奴，并且把国家最珍贵的宝货重器都献上。”吴国不答应。文种回国汇报后又去求和，说：“越王愿意把国库的钥匙都交出来，把整个国家托付给贵国，自己亲自到贵国，听凭吴王处置。”吴国答应了。越王对范蠡说：“你替我看守国家吧。”范蠡回答说：“在国境以内，治理百姓的事，我比不上文种。在国境以外，对付敌国，需要当机立断的事，文种也比不上我。”越王说：“好吧。”于是就叫文种留守在越国，自己带着范蠡到吴国给吴王做臣仆。

三年后，吴王打发他们回国。一回到越国，越王就向范蠡请教说：“现在要妥善处理政事，该怎么办呢？”回答说：“处理政事得当应顺从地道。只有大地能包容万物成为一个整体，同时完成自己的功能而不失时机。大地生长万物，畜养飞禽走兽，然后享受它应得的名声和利益。凡物不论好坏，都使之成长以养活人的生命。时令不到，不能勉强让人生长；功夫不够，也不能勉强成事。顺乎自然，权衡天下大势，以等待时机的来临，再加以匡正，才能在适宜的时机下使天下稳定。君王应和男女百姓共同从事耕织，消除百姓的祸害，以防止上天降下灾殃。还要开辟荒地，充实仓库，让百姓富足。不要让民众旷时废业，以致成为祸乱的阶梯。天时将会有反复，吴国的事情也会有间隙可乘，只有懂得天地的常规，才能取得天下既成的利益。如果吴国的事情一时还没有间隙可乘，天时还没有转化的迹象，君王就应专心安抚和教育民众，等待报复的时机。”

越王说：“我的国家就是你范蠡的国家，你好好谋划吧！”范蠡答道：“在国境以内，那些治理百姓的事，比如怎样限制春、夏、秋三季的游乐活动，不扰乱农事，不违反天时，使五谷丰登，人口繁衍增加，让君臣上下都满意：这些事情我比不上文种。在国境以外，对付敌国，决断大事。顺应阴阳的变化和天地的常规，做到柔顺而不屈服，坚强而不僵硬。赏和罚的施行以天地为常法，生和杀的掌握以天地为准则。天根据人，圣人也根据天。人怎么行动，天地就显示怎样的征兆，圣人根据天地的征兆去完成大事。所以能战胜敌人而不给他报复的机会，夺取敌人的土地而不让他夺回；军队在国外取得胜利，给国内带来幸福，用力很少，而名声卓著：这些事情，文种却也不如我。”越王说：“好吧。”于是就叫文种治理内政。

范蠡谏勾践勿许吴成卒灭吴

居军三年[1]，吴师自溃。吴王帅其贤良[2]，与其重禄[3]，以上姑苏[4]。使王孙雒行成于越[5]，曰：“昔者上天降祸于吴，得罪于会稽。今君王其图不穀，不穀请复会稽之和。”王弗忍，欲许之。范蠡进谏曰：“臣闻之，圣人之功，时为之庸。得时不成，天有还形。天节不远，五年复反，小凶则近，大凶则远。先人有言曰：‘伐柯者其则不远。’今君王不断，其忘会稽之事乎？”王曰：“诺。”不许。

使者往而复来，辞愈卑，礼愈尊，王又欲许之。范蠡谏曰：“孰使我蚤朝而晏罢者，非吴乎？与我争三江、五湖之利者，非吴耶？夫十年谋之，一朝而弃之，其可乎？王姑勿许，其事将易冀已。”王曰：“吾欲勿许，而难对其使者，子其对之。”范蠡乃左提鼓，右援枹，以应使者，曰：“昔者上天降祸于越，委制于吴，而吴不受。今将反此义而报此祸，吾王敢无听天之命，而听君王之命乎？”王孙雒曰：“子范子，先人有言曰：‘无助天为虐，助天为虐者不祥。’今吴稻蟹不遗种，子将助天为虐，不忌其不祥乎？”范蠡曰：“王孙子，昔吾先君固周室之不成子也[6]，故滨于东海之陂，鼋鼍鱼鳖之与处，而鼃黾之与同渚。余虽靦然而人面哉，吾犹禽兽也，又安知是浅浅者乎？”王孙雒曰：“子范子将助天为虐，助天为虐不祥。雒请反辞于王。”范蠡曰：“君王已委制于执事之人矣。子往矣，无使执事之人得罪于子。”

使者辞反。范蠡不报于王，击鼓兴师以随使者，至于姑苏之宫，不伤越民[7]，遂灭吴。

[1] 居军三年：指越王出兵围困吴国三年以后。 [2] 贤良：指谋臣。 [3] 重禄：指贵族。 [4] 姑苏：今苏州市。 [5] 王孙雒：吴国大夫。行成：求和。 [6] 不成：不够格。子：古爵位名。为五等爵的第四等，沿用至清代后废止。 [7] 不伤：指没有付出大的伤亡。

越王出兵围困吴国三年后，吴军终于自己崩溃了。吴王带着他的谋臣和贵族们逃到姑苏台上，派王孙雒向越国求和说：“过去上天给吴国降下灾祸，使我在会稽得罪了贵国。现在越王如果肯照顾我的话，我请求恢复当年在会稽实行的和好。”越王有点不忍心，打算答应讲和。范蠡进谏说：“我听说圣人的成功，由于他能利用天时。得了天时还不成功，上天就转到相反的方面去了。天时的转变为期不很远，五年转化一次。小的灾难来得快，大的灾难来得慢。前人有一句话说：‘砍树干做斧柄，手里拿的斧柄就是式样，不必去远处寻找。’现在君王迟迟不能决断，难道忘记了在会稽蒙受的国耻吗？”越王说：“好吧。”就不答应与吴国讲和。

吴国的使者去了又回来，求和的措辞越发谦卑，礼节越发恭敬，越王又打算答应他。范蠡进谏说：“谁使我们一早就上朝，很晚才罢朝而忧劳国事的呢？不是吴国吗？同我们争夺三江五湖利益的，不也是吴国吗？我们辛辛苦苦谋划了十年，却又一旦丢弃前功，怎么可以呢？君王暂且不要答应，事情很快就有希望了。”越王说：“我想不答应，但难以答复吴国的使者，你去答复他吧。”范蠡于是左手提着鼓，右手拿着鼓槌，答复吴国的使者说：“过去上天给越国降下灾祸，让越国落在吴国的手中，而吴国却不接受。现在上天一反此道，叫我们报复吴国。我们君王怎敢不听从上天的命令，而听从吴王的命令呢？”王孙雒说：“尊敬的范大夫呀！古人有句话说：‘不要助天作恶。助天作恶的人不吉祥。’现在我们吴国的稻和蟹都吃得精光了，您还要助天作恶，不怕遭厄运吗？”范蠡说：“尊敬的王孙大夫呀！从前我们的先君原是周朝不大够格的子爵，所以只能住在东海岸边，和鼋鼍鱼鳖相处，同水边的虾蟆共居。我们虽然面貌俨然像个人，实际上跟禽兽差不多，怎么懂得你说的这些巧辩的话呢？”王孙雒说：“尊敬的范先生一定要助天为恶，助天为恶可是要遭到厄运的。请让我再见越王一面向他告辞。”范蠡说：“我们君王已经把全权委托给管事的人了。你走吧，免得管事的人得罪你。”

吴国使者只得告辞回去。范蠡不再报告越王，擂起战鼓，出兵跟在吴国使者的后面，一直追到姑苏的吴国王宫，越国人没有什么伤亡，就灭掉了吴国。

十二、持正不阿

十二、持正不阿

服膺正义，崇尚操守，不阿权贵，视死如归，这些可贵的品质构成了持正不阿的全部伦理内涵。先秦时期的思想家、教育家高度评价持正不阿在为人处事、治理国家方面的积极意义，将其视为个人修身所应追求的道德境界和形成独立人格力量的重要标志。孔子说："三军可夺帅也，匹夫不可夺志也。"孟子说："居天下之广居，立天下之正位，行天下之大道。得志，与民由之;不得志，独行其道。富贵不能淫，贫贱不能移，威武不能屈，此之谓大丈夫。"他们在这里所说的志，就是源于崇高理想的信念。坚持这一信念而在任何情况下不苟且、不动摇，就是他们所理解的持正不阿。在他们看来，持正不阿不仅是能否成为"大丈夫"的一个重要条件，甚至还是每一个"匹夫"即普通人所必须具备的伦理品质。孔子、孟子和古代其他众多思想家对持正不阿的高度赞扬和推崇，当然也影响到《国语》的作者。本节所选的四篇短文，反映了作者鲜明的道德取向，也揭示了持正不阿这一道德规范所具备的几个基本特点。

第一个特点是为官不阿上。在《文公欲弛孟文子与郈敬子之宅》(选自《国语》卷四《鲁语》)一文中，鲁国国君鲁文公先后打算拆毁大夫孟文子和郈敬子的住房以扩建自己的宫庭，并承诺另外择地为他们两家安排更好的住房。面对这种追求奢华的错误行为，孟文子和郈敬子不计个人得失，坚决地抵制了国君的要求，在这个问题上，他们两人真可谓是英雄所见略同了。

第二个特点是大义凛然，据理力争。在《郑叔詹据鼎耳而疾号》(选自《国语》卷十《晋语》)一文中，郑国面临晋国大兵压境的危难，而且晋国公开要求只有交出叔詹才能退兵。郑文公本不欲满足晋国的无理要求，但叔詹请求说，用我一个人的生命可以换来救国安民，你又何必如此吝惜呢？于是主动赴难，批评晋国的强权，叔詹的凛然正气最终压倒了晋国的蛮横，得到晋文公的敬重。

第三个特点是成仁取义，以死殉道。在《灵公使鉏麑杀赵宣子》（选自《国语》卷十一《晋语》）和《申胥自杀》（选自《国语》卷十九《吴语》）两篇短文中，鉏麑和申胥出于不同的背景和动机，最终都选择了以死来抗争暴虐无道，以死来保持正义操守的做法，用宝贵的生命谱写了本质上相同的持正不阿的道德篇章，给后人以强烈的精神震撼和伦理启示。当然，持正不阿这一中国传统道德中的崇高道德规范所具备的特点绝不止于《国语》中所反映出来的几个方面，在人们如何对待富贵贫穷、生死祸福、功名荣辱、权位爵禄等问题上，持正不阿可以有多种的表现形式和特点，它所蕴含的道德力量，将是激励一切高尚的人们追求自身完善的不竭源泉。

文公欲弛孟文子与郈敬子之宅

文公欲弛孟文子之宅[1]，使谓之曰："吾欲利子于外之宽者。"对曰："夫位，政之建也；署，位之表也；车服，表之章也；宅，章之次也；禄，次之食也。君议五者以建政，为不易之故也。今有司来命易臣之署与其车服，而曰：'将易而次，为宽利也。'夫署，所以朝夕虔君命也。臣立先臣之署，服其车服，为利故而易其次，是辱君命也，不敢闻命。若罪也，则请纳禄与车服而违署，唯里人所命次。"公弗取。臧文仲闻之曰[2]："孟孙善守矣[3]，其可以盖穆伯而守其后于鲁乎[4]！"

公欲弛郈敬子之宅[5]，亦如之。对曰："先臣惠伯以命于司里[6]，尝、禘、蒸、享之所致君胙者有数矣[7]。出入受事之币以致君命者，亦有数矣。今命臣更次于外，为有司之以班命事也，无乃违乎！请从司徒以班徙次[8]。”公亦不取。

[1]文公：鲁僖公的儿子，名兴，公元前626年至前609年在位。孟文子：鲁国大夫，名伯谷。弛：扩充。指文公想通过拆毁孟文子的住宅来扩建宫室。[2]臧文仲，鲁国正卿。[3]孟孙：即孟文子。[4]穆伯：孟文子的父亲公孙敖。[5]郈敬子：鲁国大夫，名敬伯同。[6]惠伯：郈敬子的先祖。司里：春秋官名，主管宅里事务。[7]尝、禘、蒸、享：古代四时祭祀的名称。秋祭为尝，夏祭为禘，冬祭为蒸，春祭为享。[8]司徒：官名，主管教化。

鲁文公打算拆毁孟文子的住宅以扩建自己的宫庭，便派人对孟文子说：“我想在外面宽敞的地方给你安排个好住宅。”孟文子说：“爵位，是因政事而设立的；官署，是爵位的标志；车和服饰，是标志中显示贵贱的；宅，是有车服官位者所居住的府第；禄，是有府第者所享受的食米。国君讨论决定这五项内容以建立政事，不可随意变动。现在有关部门命令更换我的官署和车服，而且说：‘改变你的住宅，是为了你的宽敞便利。’官署，是早晚用来恭敬地执行国君命令的地方。我住先臣的官署，用先臣的车服，为了一点利益而更换地点，是有辱君命的，所以不敢服从。倘若这样做有罪，就请收回我的俸禄和车服，离开我的官署，让里宰来安排我的住处吧。”文公没有取得孟文子的住宅。臧文仲听到这件事后说：“孟文子真善于守职啊。他可以超过他父亲穆伯并在鲁国保住后嗣！”

文公又打算拆毁郈敬子的住宅，也派人到郈敬子那里说了同样的话。郈敬子说：“我的先祖惠伯从司里官那儿得到这处住宅，每年秋祭、夏祭、冬祭、春祭时我从这住宅里送肉给国君，已经多年了；在这住宅里受使出境入国，带着礼物传达国君的命令，也已经多年了。现在命令我迁到外面去居住，如果有司按照位次下达职事，恐怕太远了吧！请让我听从司徒官根据位次来安排搬家。”文公也没有能取得郈敬子的住宅。

郑叔詹据鼎耳而疾号

文公诛观状以伐郑[1]，反其陴[2]。郑人以名宝行成，公弗许，曰：“予我詹而师还[3]。”詹请往，郑伯弗许[4]，詹固请曰：“一臣可以赦百姓而定社稷，君何爱于臣也？”郑人以詹予晋，晋人将烹之。詹曰：“臣愿获尽辞而死[5]，固所愿也。”公听其辞。詹曰：“天降郑祸，使淫观状，弃礼违亲。臣曰：‘不可。夫晋公子贤明，其左右皆卿才，若复其国，而得志于诸侯，祸无赦矣。’今祸及矣。尊明胜患，智也。杀身赎国，忠也。”乃就烹，据鼎耳而疾号曰：“自今以往，知忠以事君者，与詹同。”乃命弗杀，厚为之礼而归之。郑人以詹伯为将军。

［1］文公：指晋文公重耳。观状：指重耳流亡到曹国时，曹共公偷看骿胁一事。［2］反：拆毁。陴：城上作为防御工事的矮墙。［3］詹：叔詹，郑国的卿。［4］郑伯：郑文公。［5］尽辞：把话讲完。

晋文公讨伐偷看他肋骨的曹共公，随后又攻打郑国，摧毁城上的矮墙。郑国用名贵的宝物来乞和，晋文公不答应，说：“你们把叔詹交出来，我就退兵。”叔詹请求前往，郑文公不答应，叔詹再三请求说：“用我一个人可以救百姓，安国家，君主何必对小臣如此爱惜呢？”郑国将叔詹交给了晋国，晋人将要烹煮叔詹。叔詹说：“我希望把话说完而死，那是我的心愿。”晋文公听他陈辞。叔詹说：“上天把灾祸降给郑国，如同曹共公偷看肋骨的事那样，抛弃了礼仪，违背了宗亲关系。我劝阻说：‘不可以这样。晋公子十分贤明，他的左右随从都具有做卿的才干，如果一旦返国即位，必然得志成为诸侯的盟主，那么郑国的大祸将无法解除。’今天大祸果然到来了。我当初尊重公子的贤明，预先觉察到祸患而加以遏制，这是聪明。现在不避个人的牺牲，挽救国家，这是忠贞。”说罢便去就刑，用手抓住鼎耳大声呼喊：“从今以后，忠心耿耿事奉君主的人，都要落得和我叔詹一样的下场。”晋文公于是下令不杀叔詹，待以厚礼，将他送还了郑国。郑文公因此任命叔詹为将军。

灵公使钼麑杀赵宣子

灵公虐[1]，赵宣子骤谏[2]，公患之，使钼麑贼之[3]，晨往，则寝门辟矣，盛服将朝，早而假寐。麑退，叹而言曰：“赵孟敬哉[4]！夫不忘恭敬，社稷之镇也。贼国之镇不忠，受命而废之不信，享一名于此，不如死。”触庭之槐而死。灵公将杀赵盾，不克。赵穿攻公于桃园[5]，逆公子黑臀而立之[6]，实为成公。

［1］灵公：晋灵公，晋文公之孙，名夷皋，公元前620年至前607年在位。虐：暴虐无道。［2］赵宣子：晋国正卿，名盾，又称赵孟，谥宣子。［3］钼麑：晋国的大力士。贼：暗杀。［4］赵孟：即赵盾。［5］赵穿：晋国大夫，赵盾的堂兄弟。桃园：晋灵公的园林。［6］黑臀：晋文公的儿子，晋襄公的弟弟。

晋灵公暴虐无道，赵盾多次劝谏，以致灵公很讨厌他，于是派力士钼麑去暗杀赵盾。清晨钼麑前往赵府，看见卧室的门已经开了，赵盾把朝服穿得端端正正，正准备上朝，因为时间还早，坐在那里闭目养神。钼麑立刻退了出来，感叹地说："赵盾真恭敬啊！不忘恭敬的人，是国家的栋梁。杀害国家的栋梁，就是不忠；接受了国君的命令而不执行，就是失信。要蒙受不忠、不信两个罪名中的一个，还不如自己死了好。"就一头撞死在院子里的槐树上。灵公又再次打算谋杀赵盾，也没成功。后来赵穿在桃园杀死了晋灵公，迎回晋文公的儿子公子黑臀，将他立为国君，那就是晋成公。

申胥自杀

吴王还自伐齐[1]，乃讯申胥曰[2]："昔吾先王体德明圣，达于上帝，譬如农夫作耦，以刈杀四方之蓬蒿，以立名于荆[3]，此则大夫之力也。今大夫老，而又不自安恬逸，而处以念恶，出则罪吾众，挠乱百度，以妖孽吴国。今天降衷于吴，齐师受服。孤岂敢自多，先王之钟鼓[4]，实式灵之。敢告于大夫。"

申胥释剑而对曰："昔吾先王世有辅弼之臣，以能遂疑计恶，以不陷于大难。今王播弃黎老，而孩童焉比谋，曰：'余令而不违。'夫不违，乃违也。夫不违，亡之阶也。夫天之所弃，必骤近其小喜，而远其大忧。王若不得志于齐，而以觉寤王心，而吴国犹世。吾先君得之也，必有以取之；其亡之也，亦有以弃之。用能援持盈以没，而骤救倾以时。今王无以取之，而天禄亟至，是吴命之短也。员不忍称疾辟易[5]，以见王之亲为越之擒也。员请先死。"遂自杀。将死，曰："以悬吾目于东门，以见越之入，吴国之亡也。"王愠曰："孤不使大夫得有见也。"乃使取申胥之尸，盛以鸱鹈[6]，而投之于江[7]。

［1］吴王：吴国国君夫差，公元前495年至前473年在位。还自伐齐：讨伐齐国后归来。［2］申胥：即伍子胥，名员，吴国大夫。因吴王曾把申邑封给他，所以又称申胥。［3］荆：古代楚国的别称。因其原来建国于荆山一带，故名。［4］先王：指吴王阖闾。［5］员：伍员。申胥的自称。［6］鸱鹕：皮制的口袋，可以盛酒，亦作鸱夷。［7］江：即长江。

吴王夫差伐齐获胜归来后，便责问伍子胥说："过去我的先王德高圣明，通达上天的意旨，就像农夫并排耕作一样，与你一起割除我国四方的蒿草，打败了楚国并在那里立下了威名，这是你出的力。如今你老了，却又不肯自安于闲适的生活，在家尽动些坏脑筋，出外使我的部众遭受苦难，扰乱法度，来加害于吴国。现在上天降福吴国，使齐国归顺了。我岂敢自夸，这是因为先王的军队，得到神灵佑助的缘故。我冒昧告诉你这个消息。"

伍子胥解下佩剑回答说："过去我们先王一直有辅佐的贤臣，用来帮助决断疑难，权衡得失，所以没有陷入大难。如今你抛弃老臣，去和幼稚的年轻人共商国策，说：'我的命令不得违背。'这样的不违背，恰恰是对天意的违背。这样的不违背，正是导致败亡的阶梯啊。那上天所要抛弃的，必定在眼前先给它小小的欢喜，而把大的忧患留在后面。您如果伐齐不顺利，反而会内心有所觉悟，这样吴国还可以世代延续。我们先王凡是取得成就，必定有成功的条件；凡是遭到失败，也自有失败的原因。凭借有才能的人辅佐可以保住成业，而且及时挽回危局。现在你没有取得成功的条件，而上天赐给你的福禄却屡屡降临，说明吴国的国运已经很短了。我不忍心称病退避一边，看到你被越国人所生擒，我只有请求先死！"于是就自杀了。临死前，说："把我的眼睛悬挂在国都的东门上，让我看到越国入侵，吴国的灭亡。"吴王恼怒地说："我不让他有看到什么的机会。"便派人拿伍子胥的尸体，装到皮口袋中，投入长江。

十三、诚而有信

十三、诚而有信

诚信是先秦时期思想家极为重视的一种道德品质和道德规范。所谓诚，就是真实无欺，既不欺人，也不自欺。古人认为，诚是一切道德行为的基础和从事道德修养的前提，也是一个人为学和立业的根本。无诚则无德，无诚则学难精、事难成。具备了诚的品质，则可以取得他人的理解和信任，增进彼此间的友谊。所谓信，就是重然诺、讲信用、守合约。信是做人的基本道德之一，一个无信、失信的人在现实生活中很难得到他人或社会的接纳。所以孔子说："人而无信，不知其可也。"（《论语·为政》）诚与信是紧密联系在一起的。其中，信以诚为基础，诚则自然有信。在先秦时期的思想家看来，诚而有信的意义不仅在于揭示了做人的准则，即所谓"人无信不立"；还在于揭示了统治者为政的准则，即所谓"政无信不威"。作为面向统治阶级及其子弟的道德教科书，《国语》更加强调的正是后者。本节所选的四篇短文，也是在后一种意义上予以阐发的。

第一篇《文公伐原》和第二篇《文公救宋败楚于城濮》均选自《国语》卷十《晋语》。说的都是晋文公在对外军事活动中重视诚信，以诚信立威，以诚信凝聚军心士气，以诚信使敌方陷于道义上的被动，最终赢得对外战争胜利的故事。其中，晋文公为坚持诚信而主动"退避三舍"的哀兵战术，已被传为军事史上的经典案例。

第三篇《叔向论忠信而本固》选自《国语》卷十四《晋语》。叔向在晋悼公执政时担任晋国的大夫。在一次各诸侯国会盟时，楚国想偷袭晋国参加盟会的军队。得到这个情报后，叔向主张不必加以防备。他的理由是，如果楚国公然偷袭我们，那它就根本违背了忠诚和信义，自绝于各诸侯国而陷于彻底的孤立，我们又有何必要害怕他们偷袭呢？果不出叔向所料，楚国最终还是没有敢偷袭不设防的晋军。

第四篇《季冶致禄》选自《国语》卷五《鲁语》。说的是鲁国的显贵季武子乘国君鲁襄公出访时抢占了卞城这个地方，并要大夫季冶帮助他欺骗鲁襄公说，这是因为当地的人发生叛乱而占领卞城的。季冶为此决定交还俸禄，辞官不出，毅然与这一不光彩的行动划清了界限，表现了他光明磊落，诚实无欺的从政品质。

《国语》记载的以上四个故事，概括起来反映了一个相同的执政命题，即信为政基。

文公伐原

文公伐原[1]，令以三日之粮。三日而原不降，公令疏军而去之。谍出曰："原不过一二日矣！"军吏以告，公曰："得原而失信，何以使人？夫信，民之所庇也，不可失。"乃去之，及孟门[2]，而原请降。

［1］文公：晋文公重耳，公元前636年至前620年在位。原：姬姓小国，在今河南济源北。［2］孟门：原国地名，在原城附近。

晋文公出兵讨伐原国，命令携带三天的口粮。到了三天，原国还不投降，文公就下令晋军撤退。这时探子出城来报告说："原国最多再能支持一两天了！"军吏将这一情况汇报给晋文公，文公说："得到原国而失去信义，那又依靠什么来使唤人民呢？信义是人民赖以生存的保障，因此不可失信。"于是晋军便撤离了原国，到了附近的孟门地方，原国便宣布投降了。

文公救宋败楚于城濮

文公立四年[1]，楚成王伐宋[2]，公率齐、秦伐曹、卫以救宋。宋人使门尹班告急于晋[3]，公告大夫曰："宋人告急，舍之则宋绝，告楚则不许我。我欲击楚，齐、秦不欲，其若之何？"先轸曰[4]："不若使齐、秦主楚怨。"公曰："可乎？"先轸曰："使宋舍我而赂齐、秦，藉之告楚，我分曹、卫之地以赐宋人。楚爱曹、卫，必不许齐、秦。齐、秦不得其请，必属怨焉，然后用之，蔑不欲矣。"公说，是故以曹田、卫田赐宋人。

令尹子玉使宛春来告曰[5]："请复卫侯而封曹，臣亦释宋之围。"舅犯愠曰："子玉无礼哉！君取一，臣取二，必击之。"先轸曰："子与之。我不许曹、卫之请，是不许释宋也。宋众无乃强乎！是楚一言而有三施，子一言而有三怨。怨已多矣，难以击人。不若私许复曹、卫以携之，执宛春以怒楚，既战而后图之。"公说，是故拘宛春于卫。

子玉释宋围，从晋师。楚既陈，晋师退舍，军吏请曰："以君避臣，辱也。且楚师老矣，必败。何故退？"子犯曰："二三子忘在楚乎？偃也闻之：战斗，直为壮，曲为老。未报楚惠而抗宋，我曲楚直，其众莫不生气，不可谓老。若我以君避臣，而不去，彼亦曲矣。"退三舍避楚。楚众欲止，子玉不肯，至于城濮[6]，果战，楚众大败。君子曰："善以德劝[7]。"

[1] 文公：晋文公重耳。 [2] 楚成王：楚国国君，名熊頵，公元前671年至前626年在位。 [3] 门尹班：宋国大夫。 [4] 先轸：晋国的中军

主将，因封于原，故又称原轸。［5］令尹：官名，楚国所设置的最高官职，掌军政大权。子玉：楚国的令尹，名成得臣，子玉是他的字。宛春：楚国大夫。［6］城濮：卫地名，在今山东鄄城西南临濮集。公元前632年，晋文公和齐、宋、秦等国联军战败楚国于此。一说在今河南开封县陈留附近。［7］劝：勉励。

晋文公即位第四年，楚成王出兵攻打宋国。文公率领齐、秦两国的军队征伐曹、卫两国，以解救宋都之围。宋国派门尹班到晋国告急，晋文公对大夫们说："宋国来告急，如果丢下宋国不管，那么宋国就会与我国断交。如果请求楚国退兵解围，楚国也不会答应。我想攻打楚国，齐、秦两国又不愿意，你们看怎么办？"先轸说："不如让齐、秦两国都去怨恨楚国。"文公说："那行吗？"先轸回答说："让宋国舍弃我国，而去向齐国和秦国送财物，通过齐、秦去请求楚国退兵。我国将获得的曹、卫二国土地赐给宋国。楚国喜欢曹国和卫国，必定不答应齐国和秦国的请求。齐、秦两国请求不成，必然因此而怨恨楚国，然后我国再叫齐、秦两国参战，两国就不会不愿意了。"晋文公听了很高兴，因此将曹、卫两国的田地赐给了宋国。

楚国的令尹子玉派宛春来传话，说："请你们恢复卫侯的君位，把土地退还曹国，我们也解除对宋国的包围。"子犯发怒说："子玉真无礼啊！晋君只得到一项好处，而子玉却得到两项好处，一定要攻打他。"先轸说："你应该允许他的请求。我们不答应曹、卫两国的请求，等于不允许解除对宋国的包围，宋国投降了楚国，楚国的兵力不是更强大了吗？这样，楚国一句话对三个国家施了恩，而我们一句话却招了三个国家的怨。怨恨已经多了，战争难以打下去。不如私下允许恢复曹、卫两国，以离间他们，然后逮捕宛春来激怒楚国，等战争打起来之后再作打算。"晋文公很高兴，于是把宛春囚禁在卫国。

子玉解除了对宋国的包围，转而追逐晋军。楚军摆开战阵之后，晋文公下令退却三十里，军吏请求说："作为国君却避开敌国的臣子，是一种耻辱。而且楚军已经疲劳，必然战败，我军为什么要撤退呢？"子犯说："你们都忘记了以前晋文公在流亡楚国时所作的诺言了吗？我狐偃听说过，用兵作战，理直才会气壮，理曲士气就会低落。我们尚未报答以前楚国对晋文公的恩惠，而来救宋国，这是我方理曲而楚国理直，楚军士气就旺盛，不可认为他们已经疲劳不堪。如果我方做到以国君避开臣子，而楚军还不撤退，那对方也就理曲了。"于是晋军就撤退九十里，避开楚军。楚军将士都主张停止战事，子玉不肯。到了城濮，果然发生了战争，结果楚军被打得大败。君子评论说："这是善于以德来进行勉励。"

叔向论忠信而本固

诸侯之大夫盟于宋，楚令尹子木欲袭晋军[1]，曰："若尽晋师而杀赵武[2]，则晋可弱也。"文子闻之[3]，谓叔向曰[4]："若之何？"叔向曰："子何患焉。忠不可暴，信不可犯，忠自中，而信自身，其为德也深矣，其为本也固矣，故不可抈也。今我以忠谋诸侯，而以信覆之，荆之逆诸侯也亦云[5]，是以在此。若袭我，是自背其信而塞其忠也。信反必毙，忠塞无用，安能害我？且夫合诸侯以为不信，诸侯何望焉。为此行也，荆败我，诸侯必叛之，子何爱于死，死而可以固晋国之盟主，何惧焉？"是行也，以藩为军[6]，攀辇即利而舍[7]，候遮扞卫不行[8]，楚人不敢谋，畏晋之信也。自是没平公无楚患[9]。

[1]子木：名屈建。[2]赵武：即赵文子，晋国正卿。[3]文子：赵文子，名赵武，晋国正卿。[4]叔向：晋国大夫，名羊舌肸。[5]荆：楚国。逆：迎接。[6]藩：藩篱。指以藩篱为营。[7]攀辇：牵引战车。[8]候遮：白天掩蔽。扞：古代射者所着的一种皮质袖套。[9]没：死。楚患：楚国挑起的战患。

各诸侯国的大夫在宋国会盟，楚国的令尹子木想偷袭晋军，说："如果消灭晋军，杀了赵武，那么晋国就可以削弱了。"赵武听说后，对叔向说："怎么办？"叔向回答说："你担心什么呢？忠诚就不会被侵暴，信义就不怕别人陵犯。忠诚出自内心，信义出于自身，它们作为道德来说够深厚的了，作为根基来说够坚固的了，所以是不可动摇的。现在我们忠心为诸侯作打算，用守信义去证明我们的忠诚，楚国迎接诸侯时也是这么说的，因此在这里结盟。如果楚国偷袭我们，那就自己违背了信义而自绝了忠诚。背弃信义必然垮台，自绝忠诚诸侯就不能为其所用，怎么能对我们造成危害呢？况且会合诸侯而不讲信义，那诸侯们还指望什么呢？这一次前去，即使楚国打败了我们，诸侯们也一定会背叛他们，你何必如此贪恋生命呢。如果死了可以巩固晋国的盟主地位，有什么可害怕的呢？"在这次行动中，晋军只设藩篱为营，牵引战车到水草便利的地方驻扎，白天不用瞭望和掩蔽，夜里不设岗哨捍卫，楚国没敢图谋晋军，是因为害怕晋军讲信义。从这之后直到晋平公死，始终没有楚国挑起的战患。

季冶致禄

襄公在楚[1]，季武子取卞，使季冶逆[2]，追而予之玺书[3]，以告曰："卞人将畔，臣讨之，既得之矣。"公未言，荣成子曰[4]："子股肱鲁国，社稷之事，子实制之。唯子所利，何必卞？卞有罪而子征之，子之隶也，又何谒焉？"子冶归，致禄而不出[5]，曰："使予欺君，谓予能也，能而欺其君，敢享其禄而立其朝乎？"

［1］襄公：鲁襄公，名午，公元前572年至前542年在位。［2］季武子：鲁国正卿，季文子之子季孙夙。季冶：鲁国大夫。逆：迎候。［3］玺书：玺，印章。春秋时卿大夫之印也称玺，秦始皇始以天子之印曰玺，成为皇帝印章的专用名词。［4］荣成子：鲁国大夫。［5］致禄：交还俸禄。不出：辞官不出。

鲁襄公出访楚国时，季武子乘机占有了卞城，他派季冶去迎候襄公，又追赶上季冶交给他一封盖了官印的信转致襄公。信上说："卞城的人将要叛变，我讨伐他们，已经占领了卞城。"襄公阅信后还未发话，荣成子就让季冶转告季武子说："你是鲁国的重臣，国家的事务，实际上是由你裁夺。既然一切听你的便，何况区区一个卞城呢？卞城的人有罪，你去讨伐，这是你职分内的事，又何须来奉告呢？"季冶回去后，交还俸禄辞官不出，说："派我去欺骗国君，认为我有才能。有才能却欺骗自己的国君，还怎么敢享受国君的俸禄为国君做事呢？"

十四、教而有道

十四、教而有道

除了借助先圣的训诫或先人具体的案例用于教育贵胄及其子弟外,《国语》中还有一些内容是直接涉及教育思想、教育方法、教育手段和教育形式等。也就是说，这些内容讲到了一般的教育规律的问题。在教育事业还很不发达的古代，能深入探讨教育的内在规律，这在当时实属少见，因此也就更显得难能可贵了。本节所选的四篇短文，从不同的角度对教育的内在规律，即如何教而有道作了阐释。当然，教育事业高度昌明的今天，这些阐释似乎并无惊人之论，有的早已成为教育学的基本常识。但以历史眼光分析，古人这些有关教育规律的阐释在当时却确实属于原创，对古代教育事业的进步起到了积极的推动作用。

第一篇《胥臣论教诲之力》选自《国语》卷十《晋语》。胥臣是晋国的大夫。有一次晋文公向他请教教育儿子的事，胥臣认为，教育不仅是教育者单方面所能完成的，还需要取决于受教育者的配合。教育者所能做到的，只是发掘受教育者本质上善的方面，使其人格得到充分发展。同时，胥臣还提出了因材施教的观点，认为教育者只能对其教育的对象因势利导，就像河川有它的源头，引它到江河里然后让它汇成大流，如此教育才能达到其应有的功效。

第二篇《范武子杖文子》和第三篇《赵文子冠》分别选自《国语》卷十一和卷十二的《晋语》。讲了两个贵胄子弟受教育的经历。前者讲的是晋国正卿范武子针对其子范燮年少狂妄、不通世情的缺点予以狠狠的批评，并用手杖打掉了范燮玄冠上的簪子。今天看来，粗暴的打骂不能视为良好的教育方法和手段。但范武子重视家庭教育，不偏袒、不放纵子弟的态度，对位居高位者来说还是有一定警示意义的。后者讲的是晋国贵胄子弟赵文子在举行成人仪式后，分别主动去拜访长辈栾武子等人，向他们虚心求教为人处世的经验。这些长辈也都从不同角度对他提出忠告。张孟还对长辈们的忠告作了总结性的概括，使赵文子受益匪浅。该文揭示了教育必须教学相长的道理，只有学生以积极主动的态度主动地学习，才能达到更理想的教育效果。

第四篇《申叔时论傅太子之道》选自《国语》卷十七《楚语》。申叔时是楚国的大夫。楚国国君楚庄王委派士亹教导太子箴，士亹就此事与申叔时切磋，申叔时由此表达了自己在教育问题上的一系列见解。申叔时的这些见解，不由使我们想到英国近代学者弗兰西斯·培根曾经讲过的，读史使人明智，读诗使人灵秀，数学使人深刻，逻辑修辞之学使人善辩：凡有所学，皆成性格。两人的见解何其相似乃尔！只是，申叔时关于教育的这些议论，要比弗兰西斯·培根早了千年以上，中国古代思想家的智慧至今仍令我们敬佩不已。

胥臣论教诲之力

文公问于胥臣曰[1]：“我欲使阳处父傅讙也而教诲之[2]，其能善之乎？”对曰：“是在讙也。蘧蒢不可使俯[3]，戚施不可使仰[4]，僬侥不可使举[5]，侏儒不可使援，矇瞍不可使视[6]，嚚瘖不可使言[7]，聋聩不可使听[8]，童昏不可使谋[9]。质将善而贤良赞之，则济可竢。若有违质，教将不入，其何善之为！臣闻昔者大任娠文王不变[10]，少溲于豕牢，而得文王不加疾焉。文王在母不忧，在傅弗勤，处师弗烦，事王不怒[11]，孝友二虢[12]，而惠慈二蔡[13]，刑于大姒[14]，比于诸弟。《诗》云[15]：'刑于寡妻，至于兄弟，以御于家邦。'于是乎用四方之贤良。及其即位也，询于八虞[16]，而谘于二虢，度于闳夭而谋于南宫[17]，诹于蔡、原而访于辛、尹[18]，重之以周、邵、毕、荣[19]，亿宁百神，而柔和万民。故《诗》云：'惠于宗公，神罔时恫。'若是，则文王非专教诲之力也。"公曰："然则教无益乎？"对曰："胡为文，益其质。故人生而学，非学不入。"公曰："奈夫八疾何！"对曰："官师之所材也，戚施直镈[20]，蘧蒢蒙璆[21]，侏儒扶卢[22]，矇瞍修声[23]，聋聩司火。童昏、嚚瘖、僬侥，官师之所不材也，以实裔土。夫教者，因体能质而利之者也。若川然有原[24]，以印浦而后大[25]。"

［1］文公：即晋文公重耳，公元前636年至前620年在位。胥臣：晋国大夫，又叫臼季。［2］阳处父：晋国大夫，也称阳子。讙：晋文公的儿子，即后来的晋襄公。［3］蘧蒢：直胸的残疾人。［4］戚施：驼背。［5］僬侥：古代传说中的矮人。［6］矇瞍：瞎子。矇（méng）：韦昭注谓"有眸子而无见曰矇"。瞍（sǒu）：韦昭注谓"无眸子曰瞍"。［7］嚚瘖：哑巴。［8］聋聩：聋子。［9］童昏：弱智者。［10］大任：周文王的母亲。文王：周文王。［11］王：指周文王的父亲王季。［12］二虢：指周文王的弟弟虢仲和虢叔。［13］二蔡：周文王的两个儿子。［14］大姒：周文王的妻子。［15］《诗》：指《诗经·大雅·思齐》。［16］八虞：指周代八位掌管山泽的官员，即伯达、伯括、仲实、仲忽、叔夜、叔夏、季随、季騧。［17］闳夭：周初大臣。南宫：南宫括，周初大臣。［18］蔡：蔡公。原：原公。辛：辛甲。尹：尹佚。都是同代的太史。［19］周：周文公。邵：邵康公。毕：毕公。荣：荣公。都是周代的大臣。［20］镈：古代一种青铜制的乐器，形状似钟。［21］璆：玉磬。［22］扶卢：古代的一种杂技，以攀缘矛戟为戏。［23］修声：演奏音乐。［24］川：河流。原：同"源"。［25］印浦：江河。

晋文公问胥臣说:“我想叫阳处父做谨的老师来教育他，能教育好吗?”胥臣回答说:“这主要取决于谨。直胸的残疾人不能让他俯身，驼背不能让他仰头，小种人不能让他举重物，矮子不能让他攀高，瞎子不能让他看东西，哑巴不能让他说话，聋子不能让他听音，糊涂人不能让他出主意。本质好而又有贤良的人教导，就可以期待他有所成就。如果本质邪恶，教育他也听不进去，怎么能使他为善呢!我听说，以前周文王的母亲怀孕时身体没有变化，小便的时候在厕所里生下文王，没有添加任何痛苦。文王不让母亲增添忧虑，无需保傅多操心思，未让师长感到烦扰，事奉父王不让他生气，对两个弟弟虢仲和虢叔很友爱，对两个儿子大蔡和小蔡很慈惠，为自己的妻子大姒做出榜样，与同宗的兄弟也很亲近。诗上说:‘为自己的妻子做出表率，进而及于兄弟，以此来治理家庭和国家。’这样就能任用天下的贤良之士。到他即位之后，有事咨询掌管山泽的八虞，与虢仲、虢叔两兄弟商量，听取闳夭、南宫括的意见，咨访蔡公、原公、辛甲、尹佚四位太史，再加上有周文公、邵康公、毕公和荣公的帮助，从而让百神安宁，使万民安乐。因此诗上说:‘孝敬祖庙里的先公，神灵都没有怨恨。’像这样的话，那么周文王就不单单是教诲的作用了。”晋文公说:“这样说来，那教育就没有用了吗?”胥臣回答说:“要文采干什么呢，就是为了使本质更加美好。所以人生下来就要学习，不学习就不能进入正道。”文公说:“那对先前所说的八种残疾人怎么办呢?”胥臣回答说:“这就要看官长因材而用了，驼背的让他俯身敲钟，直胸的让他戴上玉磬，矮子让他表演杂技，瞎子让他演奏音乐，聋子让他掌管烧火。糊涂的、哑巴和小种人，官长认为难以因材而用的，就让他们去充实边远的地区。教育，就是根据他内在的性能、本质加以因势利导，就像河川有它的源头，迎它到江河里然后让它汇成大流。”

范武子杖文子

范文子暮退于朝[1]。武子曰[2]："何暮也？"对曰："有秦客廋辞于朝[3]，大夫莫之能对也，吾知三焉。"武子怒曰："大夫非不能也，让父兄也。尔童子，而三掩人于朝。吾不在晋国，亡无日矣。"击之以杖，折委笄[4]。

［1］范文子：即范燮。［2］武子：范武子，晋国正卿。名士会，范文子的父亲。［3］廋辞：谜语的古称。［4］委：委貌冠，又称玄冠，是一种礼帽。笄：簪子。

范文子很晚才退朝回来，武子问道："为什么回来这么晚啊？"文子回答说："有位秦国来的客人在朝中讲隐语，大夫中没有一个能够回答出来，我晓得其中的三条。"武子发怒说："大夫们不是不能回答，而是出于对长辈父兄的谦让。你是个年轻的孩子，却在朝中三次抢先，掩盖他人。如果不是我在晋国，你早就遭殃了！"说着武子就用手杖打儿子，把他玄冠上的簪子都给打断了。

赵文子冠

赵文子冠[1]，见栾武子，武子曰："美哉！昔吾逮事庄主[2]，华则荣矣，实之不知，请务实乎。"

见中行宣子[3]，宣子曰："美哉！惜也，吾老矣。"

见范文子，文子曰："而今可以戒矣，夫贤者宠至而益戒，不足者为宠骄。故兴王赏谏臣，逸王罚之。吾闻古之王者，政德既成，又听于民，于是乎使工诵谏于朝[4]，在列者献诗使勿兜，风听胪言于市，辨袄祥于谣，考百事于朝，问谤誉于路，有邪而正之，尽戒之术也。先王疾是骄也。”

见郤驹伯[5]，驹伯曰：“美哉！然而壮不若老者多矣。”

见韩献子，献子曰：“戒之，此谓成人。成人在始与善。始与善，善进善，不善蔑由至矣；始与不善，不善进不善，善亦蔑由至矣。如草木之产也，各以其物。人之有冠，犹宫室之有墙屋也，粪除而已，又何加焉。”

见智武子[6]，武子曰：“吾子勉之，成、宣之后而老为大夫[7]，非耻乎！成子之文，宣子之忠，其可忘乎！夫成子导前志以佐先君，导法而卒以政，可不谓文乎！夫宣子尽谏于襄、灵[8]，以谏取恶，不惮死进，可不谓忠乎！吾子勉之，有宣子之忠，而纳之以成子之文，事君必济。”

见苦成叔子[9]，叔子曰：“抑年少而执官者众，吾安容子。”

见温季子[10]，季子曰：“谁之不如，可以求之。”

见张老而语之[11]，张老曰：“善矣，从栾伯之言[12]，可以滋；范叔之教[13]，可以大；韩子之戒[14]，可以成。物备矣，志在子。若夫三郤[15]，亡人之言也[16]，何称述焉！智子之道善矣[17]，是先主覆露子也[18]。”

[1] 赵文子：即赵武，晋国正卿赵盾的孙子。冠：冠礼，古代男子二十岁举行成人礼，结发戴冠。 [2] 庄：赵文子的父亲赵朔，庄是他的谥号。[3] 中行宣子：即荀庚，晋国大夫。 [4] 工：乐师。 [5] 郤驹伯：即郤锜，晋国的卿。 [6] 智武子：即智䓨，晋国的卿。 [7] 成：指赵成子，

赵文子的曾祖赵衰。宣：指赵宣子，赵文子的祖父赵盾。［8］襄：晋襄公。灵：晋灵公。［9］苦成叔子：即郤犨。［10］温季子：即郤至，晋国的卿。［11］张老：张孟，晋国大夫。［12］栾伯：指栾武子，名书。［13］范叔：指范文子，名燮。［14］韩子：指韩献子，名厥。［15］三郤：即郤驹伯郤锜，苦成叔子郤犨，温季子郤至。［16］亡人之言：使人丧气的话。［17］智子：指智䓨。［18］覆：庇护。露：滋润。

赵文子举行了加冠典礼后，去拜见栾武子，武子说："美啊！以前我赶上作你父亲庄子的副手，他外表很美，但华而不实，请你努力讲求实效吧！"

赵文子去见中行宣子，宣子说："美啊！可惜我老了。"

去见范文子，文子说："现在你可要警惕啦，贤明的人受到宠爱而更加警戒，智慧不足的人因为得宠而骄傲起来。所以振兴事业的君王奖赏那些敢于进谏的臣子，而贪图享乐的君王却惩罚他们。我听说古时候的君王，在建立了德政之后，又能听取百姓的意见，于是叫瞎眼乐师在朝廷上诵读前代的箴言，在位的百官献诗讽谏，使自己不受蒙蔽，在市场上采听商旅的传言，在歌谣中辨别吉凶，在朝廷上考察百官职事，在道路上询问毁誉，有邪曲不正的地方就纠正过来，这一切就是警惕戒备的全部方法了。先王最痛恨的就是骄傲。"

去见郤驹伯，驹伯说："美啊！但是壮年人不如老年人的地方多得很哪。"

去见韩献子，献子说："要谨慎警诫啊，这就叫作成人。成人的关键在一开始就要亲近善人。一开始就亲近善人，善人再推荐善人，那么，不善的人就没法到自己身边了。一开始就亲近不善的人，不善的人又引进不善的人，那么，善人也就没法到自己身边了。这就好像草木的生长一样，各以其类聚在一起。人戴上冠冕，就如同宫室有了墙屋，只是去除污秽、保持清洁罢了，其他还有什么可增益的呢？”

去见智武子，武子说：“你好好努力吧！作为赵成子、宣子的后代，老大了还在做大夫，这不是耻辱吗！成子的文才，宣子的忠心，难道可以忘记吗！成子通晓前代的典章，用来辅佐文公，精通法令而终于执政，这能说不是文吗！宣子在襄公、灵公时尽心谏诤，由于强谏而被灵公所憎恨，还是冒死进谏，这能说不是忠吗！你好好努力吧，有宣子的忠心，同时加上成子的文才，事奉君王就一定能成功。”

去见苦成叔子郤犨，叔子说：“年少而当官的人很多，我怎么安排你呢。”

去见温季子郤至，季子说：“你比不上别人，那么可以退而求其次。”

赵文子去见张老，把各位卿大夫的话告诉了他。张孟说：“好呀，听从栾伯的话，可以使自己不断进步；听范叔的教诲，可以恢宏自己的德行；听韩子的告诫，有助于你成就事业。条件都具备了，能否做到就要看你自己的志向了。至于三郤的话，是使人丧气的言论，有什么值得称道的呢？智子的话说得对呀，是先人的恩泽庇护、滋润着你啊。”

申叔时论傅太子之道

庄王使士亹傅太子箴[1]，辞曰：“臣不才，无能益焉。”王曰：“赖子之善善之也。”对曰：“夫善在太子，太子欲善，善人将至；若不欲善，善则不用。故尧有丹朱[2]，舜有商均[3]，启有五观[4]，汤有太甲，文王有管、蔡[5]。是五王者，皆有元德也，而有奸子。夫岂不欲其善，不能故也。若民烦，可教训。蛮、夷、戎、狄，其不宾也久矣，中国所不能用也。”王卒使傅之。

问于申叔时[6]，叔时曰：“教之春秋[7]，而为之耸善而抑恶焉，以戒劝其心；教之世[8]，而为之昭明德而废幽昏焉，以休惧其动；教之诗，而为之导广显德，以耀明其志；教之礼，使知上下之则；教之乐，以疏其秽而镇其浮；教之令，使访物官；教之语，使明其德，而知先王之务用明德于民也；教之故志，使知废兴者而戒惧焉；教之训典，使知族类，行比义焉。

“若是而不从，动而不悛，则文咏物以行之，求贤良以翼之。悛而不摄，则身勤之，多训典刑以纳之，务慎惇笃以固之。摄而不彻，则明施舍以导之忠，明久长以导之信，明度量以导之义，明等级以导之礼，明恭俭以导之孝，明敬戒以导之事，明慈爱以导之仁，明昭利以导之文，明除害以导之武，明精意以导之罚，明正德以导之赏，明齐肃以耀之临。若是而不济，不可为也。

“且夫诵诗以辅相之，威仪以先后之，体貌以左右之，明行以宣翼之，制节义以动行之，恭敬以临监之，勤勉以劝之，孝顺以纳之，忠信以发之，德音以扬之，教备而不从者，非人也。其可兴乎！夫子践位则退[9]，自退则敬，否则赧[10]。”

[1] 庄王：楚庄王，名旅，前613年至前591年在位。士亹：楚国大夫。太子箴：楚庄王的儿子，名箴，即后来继位的楚恭王。 [2] 丹朱：尧的儿子，名朱，因居丹水，故名丹朱。相传他傲慢荒淫，所以尧禅位于舜。 [3] 商均：舜的儿子，名均，封在商，故名商均。相传他昏庸无能，所以舜禅位于禹。[4] 启：禹的儿子，传说中夏朝国王。五观：启的五个儿子，行事荒唐，常到洛水北岸狩猎，不理民事，被后羿夺去王位。也有说是一子之名。 [5] 管、蔡：管叔鲜和蔡叔度，周文王的儿子，周武王的弟弟。武王去世，成王年幼，周公摄政，两人不服，和商纣王的儿子武庚一起发动叛乱，后被周公平定。

［6］申叔时：楚国大夫。［7］春秋：即历史。［8］世：即先王的世系。［9］夫子：夫，发语词；子，指太子。践位：即位。［10］赧：惭愧。

楚庄王委派士亹教导太子箴，士亹辞谢说："我没有才能，不能对太子有所帮助。"庄王说："靠您的才德可以使他变好。"士亹回答说："变好的关键在太子，太子想好，有才德的人就会来了；如果太子不想好，有才德的人教导他也不会听。所以尧有丹朱，舜有商均，启有五规，商汤有太甲，周文王有管叔、蔡叔那样的不肖子孙。这五位君王，都有大德，却有邪恶的子孙。难道他们不想子孙学好，那是因为不能够的缘故。如果百姓纷乱，可以教育训导。蛮、夷、戎、狄少数民族，他们不顺服已经很久了，中原国家并不能使他们听从。"庄王最终还是让士亹教导太子。

士亹询问申叔时，叔时说："用历史来教育他，从而使他懂得褒扬善行而贬抑邪恶，来戒勉他的心；用先王的世系来教育他，从而使他知道有德行的人能名声显扬，昏庸的人要被废黜，来鼓励和约束他的行为；用诗歌来教育他，对他宣扬先王的美德，来指引他的志向；用礼仪来教育他，使他知道尊卑上下的法度；用音乐来教育他，来洗涤他身上的污秽，使他稳重而不轻浮；用法令来教育他，使他懂得百官的职事；用治国的嘉言来教育他，使他发扬美德，知道先王务必以德对待百姓；用古书载记来教育他，使他懂得历代成败兴衰的道理而引起警戒；用先王的训典来教育他，使他知道宗族的发展繁衍，使行为符合道义。

"如果这样教导还不听从，举动失当而不改正，那就用文辞托物讽谏来劝导他，寻求贤良之士来辅佐他。改正了还不稳固，那就身体力行来带动他，经常用常规来教导他让他接受，努力审慎地用笃厚的品德来巩固他。稳固了却不通达，那就阐明推己及人的道理，引导他讲忠恕；阐明如何可以使国祚长久的道理，引导他讲诚信；阐明度量关系上要适度，引导他处事得宜；阐明上下等级的秩序，引导他遵循礼法；阐明谦恭克俭的道理，引导他孝敬亲人；阐明恭敬警戒的原则，引导他办事成功；阐明要以慈爱之心待人，引导他实行仁德；阐明要利人利物，引导他具有文德；阐明要铲恶除暴，引导他树立武德；阐明办案要精心一意，引导他慎加惩罚；阐明待人要无所偏私，引导他正确赏赐；阐明做事要专一严肃，使他明于处事。如果这样教导还不成功，那就不能做他的老师了。

"吟诵诗歌来辅佐他，用礼仪来帮助他，以礼相待来影响他，身体力行来辅助他，制订节义来约束他，端庄恭敬地监督他，殷勤恳切地劝勉他，以孝顺之心对待他，用忠诚信义来启发他，用好的声誉来激扬他，如此全面教导还不听从的话，那就不是一个可以教育好的人了。那还可以教养成人吗？那太子即位您就引退，自己引退就显示出自重，否则就会时常感到惭愧。"

十五、忠于职守

十五、忠于职守

职业不仅是每个社会成员赖以谋生的手段，同时也构成了他们必须承担的社会责任。《周书》中说，农不出则乏其食，工不出则乏其事，商不出则三宝绝，虞不出则财匮少，财匮少而山泽不辟矣。可见，只有农民、工匠、商人和掌管山泽的官员都切实地履行其各自的角色责任，社会才能正常有序地运转。而对统治阶级的成员而言，他们所从事的职业主要是为官作宦，管理整个国家的事务。显然，这个角色的影响和作用比普通民众要大得多。据此，先秦时期的思想家和教育家非常重视向统治阶级的成员及其子弟灌输其职业道德的要求，忠于职守就是其中最基本的规范之一。但是，忠于职守说起来似乎很简单，做起来却不是那么容易的。在正常情况下似乎很容易做到，在特殊、危急的关头做起来就不是那么容易了。本节所选的三篇短文，恰恰都是在非正常的特殊背景下发生的忠于职守的故事，由此也可想见《国语》编纂者教谕统治阶级子弟的良苦用心。

第一篇《里革断宣公罟而弃之》选自《国语》卷四《鲁语》。这篇短文讲述的是一个忠于职守、临上不阿的故事。鲁国的国君鲁宣公有一次在夏天撒网捕鱼以作消遣，太史里革却大大地败了他的兴，割断他的鱼网扔在一边，然后劝谏道，现在正是鱼类开始繁殖的时候，你却不让鱼长大，还要下网捕捞，真是太贪心了。所幸的是，里革的犯颜直谏并未遭到宣公的斥责和惩罚。作为下属，在其职责范围内敢于用行动毅然阻止上级的错误却是极为少见的，里革在这里为后人树立了一个可贵的榜样。

第二篇《臧文仲如齐告籴》也选自《国语》卷四《鲁语》。这篇短文讲述的是一个忠于职守、临难请命的故事。臧文仲是鲁国的正卿，当时适逢鲁国发生饥荒，他主动请求国君派他去齐国求借粮食以解危难。侍从对他的这一行动不理解，说，国君并未指派你，你却主动请命，这不是自己挑选份外的事去干吗？臧文仲回答说，为官者应该敢于任事，位高者应该体恤下层民众的忧患，这样国家才能安定。当了官而不争当危难，处于上位而不体恤民众的忧患，这可不是臣子事奉国君所该做的啊。后来，臧文仲果然不负所望从齐国借来粮食缓解了国内的饥荒。

第三篇《叔孙穆子不以货私免》选自《国语》卷五《鲁语》。这篇短文讲述的则是一个忠于职守、临危不苟的故事。叔孙穆子有一次代表鲁国出席诸侯的盟会，但正在盟会期间鲁国却去攻占了莒国的郓城。楚国的代表在盟会上提出要杀掉叔孙穆子作为对鲁国的警告。晋国的代表则私下向叔孙穆子索取贿赂，以此作为替他求情的条件。叔孙穆子坚决地拒绝了这场交易，说，虽然我可以用财货行贿以免一死，但今后怎么再从事诸侯之间的外交呢？我不是吝惜财货，而是担忧行事不正呀。在这个生死关头，叔孙穆子用个人的生命维护了作为国家盟使的尊严。

里革断宣公罟而弃之

宣公夏滥于泗渊[1]，里革断其罟而弃之[2]，曰："古者大寒降，土蛰发，水虞于是乎讲罛罶[3]，取名鱼，登川禽，而尝之寝庙，行诸国，助宣气也。鸟兽孕，水虫成，兽虞于是乎禁罝罗[4]，矠鱼鳖以为夏犒，助生阜也。鸟兽成，水虫孕，水虞于是禁罝罜麗，设穽鄂，以实庙庖，畜功用也。且夫山不槎蘖，泽不伐夭，鱼禁鲲鲕，兽长麑麇，鸟翼鷇卵，虫舍蚳蝝，蕃庶物也，古之训也。今鱼方别孕，不教鱼长，又行网罟，贪无艺也。"

公闻之曰："吾过而里革匡我，不亦善乎！是良罟也，为我得法。使有司藏之，使吾无忘谂。"师存侍[5]，曰："藏罟不如寘里革于侧之不忘也[6]。"

［1］宣公：鲁国国君。泗渊：泗水，河流名，在今安徽境内。［2］里革：鲁国太史。罟：渔网。［3］水虞：古代管湖、泽的官。罛罶：捕鱼的网具。［4］兽虞：古代管山林禽兽的官。罝罗：捕鸟兽的网。［5］师存：师，乐师。存，人名。［6］寘：安排。

鲁宣公夏天把渔网投入泗水深处捕鱼，里革割断他的渔网扔在一旁，说："古时候大寒到来，深藏在泥土中的动物开始活动时，掌管湖、泽的官才考虑使用渔网和竹笼，去捕捉大鱼和鳖蜃等水产，用来在寝庙中祭祀祖先。这时让国人捕鱼，是为了帮助地下的阳气宣泄出来。鸟产卵，兽怀胎时，鱼类长成，掌管山林禽兽的官便禁止使用网捕捉鸟兽，只准用矛刺取鱼鳖，晒成肉干供夏天食用，这是为了帮助鸟兽的生长。鸟兽长大了，鱼鳖则开始繁殖，掌管湖泽的官便禁止下网捕鱼，只准设陷阱和鸟网去猎获鸟兽，以供应宗庙和厨房的需要，而把小鱼养在河里等它们长大后再取来享用。此外到山上砍柴时不能伐掉树苗，到水边割草时不能割取没有长成的嫩草，捕鱼时禁止捕幼鱼；捕兽时要留下小鹿和小麋，捕鸟时要保护雏鸟和鸟卵，捕虫时要避免伤害幼虫：这些都是为了使万物生长繁殖，是古人的教导。现在正是雌鱼刚刚和雄鱼分开而开始繁殖的时候，你却不让鱼长大，还要下网捕捞，真是太贪心了！"

宣公听了这番话，说："我错了，有里革纠正我，不也很好吗？这是一副好渔网啊，它让我认识到治理国家的方法。请管事的人把网保存起来，使我永远不忘。"师存正在旁边侍候宣公，说道："与其保存这副渔网，还不如把里革安排在您的身边，就不会忘记他的规劝了。”

臧文仲如齐告籴

鲁饥，臧文仲言于庄公曰[1]：“夫为四邻之援，结诸侯之信，重之以婚姻，申之以盟誓，固国之艰急是为。铸名器，藏宝财，固民之殄病是待。今国病矣，君盍以名器请籴于齐！”公曰：“谁使？”对曰：“国有饥馑，卿出告籴，古之制也。辰也备卿，辰请如齐。”公使往。

从者曰：“君不命吾子，吾子请之，其为选事乎？”文仲曰：“贤者急病而让夷，居官者当事不避难，在位者恤民之患，是以国家无违。今我不如齐，非急病也。在上不恤下，居官而惰，非事君也。”

文仲以鬯圭与玉磬如齐告籴[2]，曰：“天灾流行，戾于弊邑，饥馑荐降，民羸几卒，大惧乏周公、太公之命祀[3]，职贡业事之不共而获戾[4]。不腆先君之币器，敢告滞积，以纾执事；以救弊邑，使能共职。岂唯寡君与二三臣实受君赐，其周公、太公及百辟神祇实永飨而赖之！”齐人归其玉而予之籴。

[1] 臧文仲：鲁国的卿，名辰。庄公：鲁国国君，公元前693年至前662年在位。 [2] 鬯圭：祭祀宗庙时用的名贵的器具。玉磬：宫廷演奏雅乐时用的一种乐器。 [3] 周公：鲁国始祖。太公：齐国始祖。命祀：周天子规定的祭祀供品。 [4] 职贡业事：指给周王室的贡物。戾：罪。

鲁国发生饥荒，臧文仲对鲁庄公说：“与邻国结好，取得诸侯的信任，用婚姻关系来加强它，以盟约誓言来巩固它，乃是为了应付国家的急难。

铸造钟鼎宝器，贮藏珠玉财物，乃是为了救助百姓的困苦。现在国家遇到了困难，国君为何不抵押钟鼎宝器向齐国要求购买粮食呢？”庄公说：“派谁前去？”臧文仲回答说：“国家遇到饥荒而由卿大夫外出求购粮食，是古代的制度。臣充列卿位，请派臣去齐国。”于是庄公派遣臧文仲赴齐。

臧文仲的侍从说：“国君没有指派你，你却主动要求，这不是自己挑选差事去干吗？”文仲说：“贤明的人应该争当危难而谦让平易的事务，当官者应该敢于任事而不逃避危难，在高位者应该体恤百姓的忧患，这样国家才能安定。现在我不去齐国，就不是争当危难了。处于上位而不体恤百姓，当了官而又懒于理事，不是臣子侍奉国君所该做的。”

臧文仲去到齐国后，用鬯圭和玉磬向齐国求购粮食，说：“天灾流行，殃及敝国，饥荒又降临到人民中间，百姓瘠瘦羸弱，生命受到威胁。对周公、太公的祭祀无法保证，给王室的贡品也难以操办，我们国君很担心因此而获罪。所以不敢再珍惜先君的宝器，请求交换贵国积余的陈粮。这既可减轻贵国管粮人的负担，也可解救敝国的饥荒，使我们能担当向王室朝贡的职守。不但我们的国君和臣子能领受到贵国国君的恩惠，就是周公、太公和天地间的所有神祇也靠这可以继续得到祭祀。”齐人于是把粮食借给了鲁国，并退还了宝器。

叔孙穆子不以货私免

虢之会，诸侯之大夫寻盟未退。季武子伐莒取郓[1]，莒人告于会，楚人将以叔孙穆子为戮[2]。晋乐王鲋求货于穆子[3]，曰：“吾为子请于楚”。穆子不予。梁其胫谓穆子曰[4]：“有货，以卫身也。出货而可以免，子何爱焉？”穆子曰：“非女所知也。承君命以会大事，而国有罪，我以货私免，是我会吾私也。苟如是，则又可以出货而成私欲乎？虽可以免，吾其若诸侯之事何？夫必将或循之，曰：‘诸侯之卿有然者故也。’则我求安身而为诸侯法矣。君子是以患作。作而不衷，将或道之，是昭其不衷也。余非爱货，恶不衷也。且罪非我之由，为戮何害？”楚人乃赦之。

穆子归，武子劳之，日中不出。其人曰：“可以出矣。”穆子曰：“吾不难为戮，养吾栋也。夫栋折而榱崩，吾惧压焉。故曰虽死于外，而庇宗于内。可也。今既免大耻，而不忍小忿，可以为能乎？”乃出见之。

［1］季武子：鲁国正卿，季文子的儿子。莒：古国名。属地在今山东省安丘县、诸城县、莒县和日照县一带。公元前431年为楚国所灭。郓：古邑名。莒国的一座小城，位于今山东省沂水县北。［2］叔孙穆子：鲁国的卿，当时作为鲁国的盟使出席在虢地的诸侯盟会。［3］乐王鲋：晋国大夫，又称乐桓子。［4］梁其胫：叔孙穆子的家臣。

在虢地召开的盟会上，各诸侯国的大夫们谋求弭兵休战的盟约还未完成，鲁国的季武子就攻伐莒国，占领了郓城。莒国向与会各国控告，楚国主张杀掉鲁国的盟使叔孙穆子。晋国的乐王鲋向叔孙穆子索取贿赂，说：“我替你向楚国说情。”叔孙穆子拒绝了。他的家臣梁其胫说：“有财货，是用来保护自己的。拿出财货就可以免去一死，你为什么吝惜呢？”叔孙穆子说：“这不是你所懂得的。我奉国君的命令来参加会盟的大事，现在国家有罪，我却用财货私自免死，这就说明我来会盟是为了自己的私利。如果我这样做了，不就还可以拿财货达到私欲吗？虽然我可免一死，但今后怎么再从事诸侯国之间的外交呢？一定会有别人仿效我的行为，说‘某国诸侯的卿就曾这样做过的’。于是我求安身就为诸侯树立了一个行贿免死的榜样。所以君子担忧行事不正，行事不正，将会导致别人也来仿效，这就更加暴露出他的行事不正。我不是吝惜财货，而是讨厌行事不正啊。况且罪过不是由我引起，我就是被杀又何害于义？”楚国人于是赦免了叔孙穆子。

叔孙穆子回鲁国后，季武子前去慰劳，叔孙穆子到中午还不肯出门见他。家人说：“可以出门了。”叔孙穆子说：“我连被杀都不当作难事，是为了保住鲁国的栋梁。栋梁塌了，椽子也就毁了，我怕被压着。所以说即使死在国外，但庇护了国内的宗室，是值得的。现在既然免掉了国家灭亡的大耻，却不能忍受个人的小忿，可以这样做吗？”于是出门见季武子。

十六、精于政事

十六、精于政事

作为统治阶级的一员，为了巩固本阶级对国家和社会的统治和管理，不仅需要其在主观上有忠于职守的高度自觉，还必须在客观上具备娴熟高超地处理国家事务，驾驭政府管理的卓越能力。唯有如此，方能最大限度地实现本国统治阶级的最大利益。为此，先秦时期各国的思想家、教育家均十分重视对本国贵族子弟从政能力的培养，并把精于政事列为其重要的培养目标。怎样才算精于政事？当时的思想家、教育家们认为，只会应付日常政务，而没有求国家于大治的雄心勃勃的志向和与之相适应的能力，那是算不上精于政事的。而欲求国家于大治，高明的管理者首先应学会化民易俗。《礼记·学记》中说："化民易俗，近者悦服，而远者怀之，此大学之道也。"用今天的语言来表达，就是高明的国务活动家必须改革内政、移风易俗，方能革故图新，使国家强盛。邻近各国因此而归附，远方各国也因此而慑服，这是治国者所应体会的精深的道理。本节所选的前三篇短文即反映了当时思想家、教育家们对精于政事的这种理解。这三篇短文均选自《国语》卷六《齐语》，分别是《管仲教桓公亲邻国》《管仲教桓公足甲兵》《管仲佐桓公为政》。在这些短文中，作者为我们介绍了杰出的政治家管仲是如何为齐桓公设谋画策，如何辅佐齐桓公改革内政、改革外交、改革国防，使齐国终于实现富国强兵的称霸目标。管仲对驾驭国家事务的卓越能力，使他在春秋各国众多的政治家中脱颖而出。他帮助齐桓公化民易俗，求国家于大治的这些故事，也成为教育本国贵胄子弟学习从政能力的一个个具体生动的案例。

其次，在当时的思想家、教育家们看来，精于政事不仅应表现于日常对国家事务的管理，还应表现于在国家面临重大危机时的胆量和智慧。善于化险为夷，使国家能成功地渡过危难的政治家，才是真正精于政事的政治家。本节所选的第四篇短文《展禽使乙喜以膏沐犒师》(选自《国语》卷四《鲁语》)，从这个角度为精于政事作了生动的阐释。该文说的是当对齐国大举出兵攻打鲁国，弱小的鲁国无力与齐国抗衡，面临亡国的危机。在此紧要关头，大夫展禽命乙喜带一批不值钱的洗头膏前去慰劳齐军。乙喜在强敌面前不卑不亢，从回顾历史上齐鲁两国存在的睦邻友好关系讲起，一直说到现在齐国如欲灭亡鲁国对其可能造成的损害，条分缕析，合情合理，最终使齐国同意讲和退兵。展禽和乙喜的过人胆识及雄辩口才，为后人留下精于政事的风采。

管仲教桓公亲邻国

桓公曰[1]："吾欲从事于诸侯，其可乎？"管子对曰[2]："未可。邻国未吾亲也。君欲从事于天下诸侯，则亲邻国。"桓公曰："若何？"管子对曰："审吾疆场，而反其侵地[3]；正其封疆，无受其资；而重为之皮币[4]，以骤聘眺于诸侯[5]，以安四邻，则四邻之国亲我矣。为游士八十人，奉之以车马、衣裘，多其资币，使周游于四方，以号召天下之贤士。皮币玩好，使民鬻之四方，以监其上下之所好，择其淫乱者而先征之。"

［1］桓公：齐国国君。［2］管子：齐国名相，名夷吾，字仲。［3］反：同"返"。指归还从邻国夺取的土地。［4］皮币：皮毛和帛，是诸侯国交往时相互馈赠的贵重礼物。［5］骤：经常。眺：通"覜"。诸侯国之间互相访问，人数少的叫聘，多的叫覜。

齐桓公说："我打算在诸侯国之间建立霸业，时机成熟了吗？"管仲回答说："不行。邻国还没有亲近我们。你想建立诸侯国之间的霸业，就要首先和邻国亲近。"桓公说："如何亲近呢？"管仲回答说："审定我国的疆界，归还从邻国夺来的土地，承认邻国疆界的合法性，不占邻国的便宜；还要多多赠给邻国礼物，派出使者经常到周边邻国作亲善访问，以此使它们感到安定，这样周边邻国就会亲近我们了。请选派擅长外交的游说之士八十人，带着车马、衣裘和足够的钱财，让他们周游四方，用来笼络和召纳天下的贤能之士。皮毛、币帛和玩赏之物，让百姓贩卖到各地去，以此来观察各国朝野上下的不同爱好和追求，然后选择其中奢侈腐化的国家首先征伐它。"

管仲教桓公足甲兵

桓公问曰："夫军令则寄诸内政矣[1]，齐国寡甲兵，为之若何？"管子对曰："轻过而移诸甲兵[2]。"桓公曰："为之若何？"管子对曰："制重罪赎以犀甲一戟[3]，轻罪赎以鞼盾一戟[4]，小罪谪以金分[5]，宥间罪[6]。索讼者三禁而不可上下，坐成以束矢。美金以铸剑戟，试诸狗马；恶金以铸锄、夷、斤、斸[7]，试诸壤土。"甲兵大足。

[1] 军令寄诸内政：指管仲为迷惑敌国，向齐桓公建议将加强武备的措施隐藏在日常内政中。 [2] 轻过句：减轻对罪犯的惩罚，让他们去充实军队。 [3] 犀甲：犀皮制作的铠甲。 [4] 鞼盾：饰以革制花纹的盾牌。 [5] 金分：即金钱。 [6] 宥：宽恕。间罪：有犯罪嫌疑的人。 [7] 锄、夷、斤、斸：不同的农具名称。

齐桓公问道："军令已经包含在政令中实施了，可是齐国缺少铠甲和武器，怎么筹办呢？"管仲回答说："减轻对罪犯的惩罚，让他们用铠甲和武器来赎罪。"桓公说："怎样实施呢？"管仲回答说："判死刑的罪犯可以用犀皮甲和一枝戟来赎罪，犯轻罪的可以用鞼盾和一枝戟来赎罪，犯普通小罪过的，罚他金钱，有犯罪嫌疑的，予以赦免。要求打官司的先禁闭三天，让他们把诉词考虑停当。诉词定下不变后，要交一束箭才给以审理。好的金属用来铸造剑戟，然后用狗马来试验是否锋利；差的金属用来铸造农具，然后用土壤来试验是否合用。"桓公采纳了管仲的建议，于是齐国的铠甲和武器非常充足。

管仲佐桓公为政

正月之朝[1]，乡长复事。君亲问焉[2]，曰："于子之乡，有居处好学、慈孝于父母、聪慧质仁、发闻于乡里者，有则以告。有而不以告，谓之蔽明，其罪五[3]。"有司已于事而竣。桓公又问焉，曰："于子之乡，有拳勇股肱之力秀出于众者，有则以告。有而不以告，谓之蔽贤，其罪五。"有司已于事而竣。桓公又问焉，曰："于子之乡，有不慈孝于父母、不长悌于乡里、骄躁淫暴、不用上令者，有则以告。有而不以告，谓之下比，其罪五。"有司已于事而竣。是故乡长退而修德进贤，桓公亲见之，遂使役官。

桓公令官长期而书伐，以告且选，选其官之贤者而复用之，曰："有人居我官，有功休德，惟慎端悫以待时，使民以劝，绥谤言，足以补官之不善政。"桓公召而与之语，訾相其质，足以比成事，诚可立而授之。设之以国家之患而不疚，退问之其乡，以观其所能而无大厉，升以为上卿之赞。谓之三选[4]。国子、高子退而修乡[5]，乡退而修连，连退而修里，里退而修轨，轨退而修伍，伍退而修家。是故匹夫有善，可得而举也；匹夫有不善，可得而诛也。政既成，乡不越长，朝不越爵，罢士无伍，罢女无家。夫是，故民皆勉为善。与其为善于乡也，不如为善于里；与其为善于里也，不如为善于家。是故士莫敢言一朝之便，皆有终岁之计；莫敢以终岁之议，皆有终身之功。

桓公曰："伍鄙若何？"管子对曰："相地而衰征[6]，则民不移；政不旅旧[7]，则民不偷[8]；山泽各致其时，则民不苟；陆、阜、陵、墐、井、田、畴均，则民不憾；无夺民时，则百姓富；牺牲不略[9]，则牛羊遂。"

桓公曰："定民之居若何？"管子对曰："制鄙[10]。三十家为邑，邑有司；十邑为卒，卒有卒帅；十卒为乡，乡有乡帅；三乡为县，县有县帅；十县为属，属有大夫。五属，故立五大夫，各使治一属焉；立五正，各使听一属焉。是故正之政听属，牧政听县，下政听乡。"桓公曰："各保治尔所，无感淫怠而不听治者！"

[1] 正月之朝：朝，指朝见国君。周礼规定每年正月初一，乡大夫须汇报政事，受教法于大司徒。 [2] 君亲：指齐桓公。 [3] 罪五：五种轻重不等的刑法。即墨、劓、刵、宫、大辟。 [4] 三选：春秋时的一种选官制度。通过乡长推荐，官长选拔，国君亲自面试等三道程序确定录用与否。 [5] 国子、高子：均为齐国的上卿。 [6] 相地：按照土地的肥瘠。衰征：逐级降低征税的标准。 [7] 旅旧：因循守旧。 [8] 偷：苟且。 [9] 牺牲：祭祀用的牲畜。略：过度。 [10] 制鄙：建立郊野之政。

正月初一朝见的时候，乡长们汇报工作。桓公亲自咨问他们，说："在你的乡里，发现平日好学、孝敬父母、聪明仁惠、在当地有一定名声的人，就应向上级报告。如果有这样的人却不报告，叫埋没贤明，要判五刑之罪。”主管这方面事务的官员报告后退下。桓公又对乡长们说：“在你的乡里，发现勇敢强健、力气出众的人，就应向上级报告。如果有这样的人却不报告，叫埋没贤能，要判五刑之罪。”主管这方面事务的官员报告后退下。桓公还对乡长们说：“在你的乡里，发现不孝敬父母、不友爱兄弟、骄横暴戾、不服从君长命令的人，就应向上级报告。如果有这样的人却不报告，叫包庇坏人，要判五刑之罪。”主管这方面事务的官员报告后退下。所以，乡长们回去以后，都修养品德，推荐贤才，桓公亲自接见被推举的人，授他们以官职。

桓公命令官长每年记录有功之臣，以便上报备案，从中遴选出贤能的官员提拔使用。推荐时说：“我这里有这样的官员，他功劳卓著，品德高尚，谨慎正派，处事不失时机，能以劝勉的办法治理百姓，制止诽谤，这个人足以替补不称职的官员。”然后桓公就召见被推荐的人，和他谈话，估量审视他的素质，看他是否可以辅助完成国事，确实可提拔当大官的就委以重任。桓公还以国家可能遇到的患难诘问他，如果问不倒，再退而诘问乡里的事情，以观察他的能力，如没有大毛病，就晋升他做上卿的助手。以上乡长推荐，官长选拔，国君亲自面试，叫作三选。国子、高子回去后整治乡政，乡长回去后整治连政，连长回去后整治里政，里有司回去后整治轨，轨长回去后整治伍，伍回去后整治家。所以百姓中凡有好的，可得到推举，百姓中凡有坏的，要受到诛罚。政令定下以后，乡里不逾越长幼的次序，朝中不逾越爵位的等级，没有德行的男人不能入伍，没有德行的女人不能外嫁。这样，百姓因此都努力向善。与其在乡里做好事，不如回到里中做好事；与其在里中做好事，不如回到家中做好事。所以大家都不敢只图一时的便宜，都有一年的计划；都不敢满足于一年的计划，都有终身立功的打算。

桓公问：“伍鄙怎样治理？”管子回答说：“按照土地的肥瘠逐级降低

赋税的标准，那么百姓就不会迁徙；为政不抛弃先君故旧，百姓就不会苟且从事；山林河泽依照时令开放或封禁，百姓就不会随意出入砍柴捕猎；陆地、土山、井田等分配均平，百姓就不会怨恨；不侵夺农时贻误农事，百姓就能富足；祭祀用的牲畜不过度屠杀，牛羊就能繁殖增加。”

桓公问：“怎样划定百姓的居处？”管仲回答说：“建立郊野之政。规定郊野三十家为一邑，邑有主管的人；十邑为一卒，由卒帅领导；十卒为一乡，由乡帅领导；三乡为一县，由县帅领导；十县为一属，由大夫领导。全国共分五属，所以共设五位大夫，让他们各自治理一属的政事；另外再设五位政长，让他们各自监察一属的政事。所以五位政长的职责就是监察五位大夫的治理情况，五位大夫的职责就是监察县帅的治理情况，县帅的职责就是监察乡帅的治理情况。”桓公说：“各自治理好所管辖的地方，不要有人放荡怠慢而不服从治理！”

展禽使乙喜以膏沐犒师

齐孝公来伐鲁[1]，臧文仲欲以辞告[2]。病焉，问于展禽[3]。对曰：“获闻之，处大教小，处小事大，所以御乱也，不闻以辞。若为小而祟，以怒大国，使加己乱，乱在前矣，辞其何益？”文仲曰：“国急矣！百物唯其可者，将无不趋也。愿以子之辞行赂焉，其可赂乎？”

展禽使乙喜以膏沐犒师[4]，曰：“寡君不佞[5]，不能事疆场之司[6]，使君盛怒，以暴露于弊邑之野，敢犒舆师。”齐侯见使者曰：“鲁国恐乎？”对曰：“小人恐矣，君子则否。”公曰：“室如悬磬，野无青草，何恃而不恐？”对曰：“恃二先君之所职业。昔者成王命我先君周公及齐先君太公曰：‘女股肱周室，以夹辅先王。赐女土地，质之以牺牲，世世子孙无相害也。’君今来讨弊邑之罪，其亦使听从而释之，必不泯其社稷；岂其贪壤地，而弃先王之命？其何以镇抚诸侯？恃此以不恐。”齐侯乃许为平而还。

［1］齐孝公：齐桓公之子，名昭，公元前642年至前633年在位。［2］臧文仲：鲁国正卿。以辞告：指以言辞请求齐国退兵。告，请求。［3］病焉：意为找不到恰当的说辞。展禽：即柳下惠，鲁国大夫。姓展，名获，字禽。［4］乙喜：即展喜，鲁国大夫。膏沐：洗头膏。犒师：犒，慰劳。指慰劳齐国军队。［5］不佞：没有才能。［6］疆埸之司：边境上的官员。

齐孝公出兵讨伐鲁国，臧文仲想写一篇文辞谢罪，请求齐国退兵，但找不到适当的措辞，求问于展禽。回答说：“我听说，大国要做好小国的表率，小国要事奉好大国，这样才能防备祸乱，没听说用言辞就能解决问题的。倘若作为小国却自高自大，激怒大国，使它把祸乱加到自己身上，那么大难当头，言辞又有什么用处？”文仲说：“国家已经危急了，各种贵重的物品，只要可以送礼的，没有舍不得割爱的。希望凭着你的说辞去给齐国送礼，能否试一试呢？”

展禽让乙喜带着不值钱的润发膏去慰劳齐国军队，说：“我们国君不才，没有侍奉好贵国边界上的官员，让您非常生气，以至带兵来到我国的郊野经受风雨，所以派我斗胆前来慰劳贵国的大军。”齐孝公接见使者问道：“鲁国害怕了吗？”回答说：“小人倒是怕了，但君子并不怕。”孝公说：“你们国库空虚，农村大旱，凭仗什么不怕？”回答说：“我们凭仗着周公和太公的职守。从前周成王命令我们两国的始祖周公和太公说：‘你们要全力支持王室，辅佐先王。赐给你们土地，你们要用牺牲祭祀天地，立誓以为质信，世世代代、子子孙孙不互相侵害。’现在你来讨伐我国的过失，目的也是让我们知错顺从就宽恕了，一定不会灭亡鲁国。难道还会贪图我们的土地，而抛弃先王的遗命吗？那样还怎么能称霸诸侯？凭仗这个所以不怕。”齐孝公于是同意讲和，退兵而还。

十七、廉洁自守

十七、廉洁自守

古人对廉洁的理解是“不受为廉，不污为洁”，即不贪财货，立身清白。而这里的“不受”，古人认为就是不苟取。什么又是不苟取呢？先秦时期的思想家认为，所谓不苟取的标准就是不越礼、不违法。当然，在私有社会里，所谓的礼与法都是统治阶级自己定的，所以不越礼法本质上是为了维护他们的长远利益和根本利益。但历史地看，那些不苟取的官吏能抑制自己的贪欲、约束自己行为的道德自制力还是应该得到充分肯定的。正因为如此，廉洁在先秦时期即成为中国传统道德的一个基本规范，被视为“国之大维”，又被称为“仕者之德”。

要做到廉洁，为官者必须自律自守。而自律自守的前提，则是为官者必须知耻。《论语·子路》中说：“行己有耻。”意即人必须用羞耻心来约束自己的行为。知耻，乃是人的基本德性。人只有知耻，才会以为非作恶为羞而有所不为，自觉地趋善去恶，严于律己，谨于守身。本节所选《国语》中的两篇短文，是作者劝谕统治阶级及其子弟以廉洁自守来建立仕者之德的极好案例。

第一篇《子叔声伯辞邑》选自《国语》卷四《鲁语》。子叔声伯是鲁国的大夫，有一次他出使晋国时，晋国的上卿郤犨想请晋君封给他土地以示笼络，子叔声伯推辞不受。回国后，大夫鲍国询以原因，子叔声伯回答说，郤犨缺少德行而多受晋君宠爱，地位不高却想干预国政，没有大功却贪图丰厚的俸禄，这些都会招来对他的怨恨。他自身尚且不能保全，怎么还能请求封给别人土地呢？在处理这件事的时候，子叔声伯一则没有因个人贪欲而接受份外之物，体现了他廉洁自守的德性，二则更估计到郤犨因骄奢贪婪而必然败亡，可谓考虑深远。难怪鲍国在听到他的回答后感慨地说，我确实不及你，现在你以如此远见而辞让土地，将来一定能保持住稳固的地位。

第二篇《阎没叔宽谏魏献子无受贿》选自《国语》卷十五《晋语》。阎没、叔宽都是晋国的大夫。有一次他们听说上司魏献子打算接受别人的贿赂，便去魏献子家，一直留到吃饭时还不离开，于是魏献子请他们一起用膳。吃饭中间，两人先后三次叹息，魏献子问其原因，两人回答说，我们都是小人，贪心不足。食物刚送上来时，担心不够吃，因此叹息。吃到一半，不禁责备自己，上司赐给我们食物，哪有不够吃的道理，因此再次叹息。等您吃完了，我们又想到，但愿我们小人的胃口也像君子的心思一样，只要吃饱也就知足了，因此第三次叹息。魏献子听后说，讲得好。于是拒绝了别人的贿赂。在这个故事里，阎没、叔宽两人出于对上司廉洁名声的关切，巧妙地加以劝谏，而魏献子也恍然有所醒悟，终于经受住了物质的诱惑，这种上下级之间以道义相砥砺而保持廉洁的良好关系，今天读来仍然使人深受教益。

子叔声伯辞邑

子叔声伯如晋谢季文子[1]，郤犨欲予之邑[2]，弗受也。归，鲍国谓之曰[3]："子何辞苦成叔之邑，欲信让耶[4]？抑知其不可乎？"对曰："吾闻之，不厚其栋，不能任重。重莫如国，栋莫如德。夫苦成叔家欲任两国而无大德，其不存也，亡无日矣。譬之如疾，余恐易焉。苦成氏有三亡：少德而多宠，位下而欲上政，无大功而欲大禄，皆怨府也。其君骄而多私[5]，胜敌而归[6]，必立新家[7]。立新家，不因民不能去旧；因民，非多怨民无所始。为怨三府，可谓多矣。其身之不能定，焉能予人之邑！”鲍国曰：“我信不若子，若鲍氏有衅[8]，吾不图矣。今子图远以让邑，必常立矣。”

［1］子叔声伯：鲁国大夫。如：到。谢：谢罪。指向晋国谢罪，以请求放回季文子。季文子：鲁国正卿季孙行父，当时被晋国扣押作为人质。［2］郤犨：即苦成叔，晋国的卿。与子叔声伯有姻亲。［3］鲍国：鲁国大夫，鲍叔牙的玄孙。［4］信：此处作确实义。［5］其君：指晋厉公。［6］胜敌：指公元前575年晋国在鄢陵之战中战胜楚国。［7］家：古代大夫的家族。此句指晋厉公一定会立新的大夫。［8］衅：祸患。

子叔声伯去晋国谢罪并请求放回季文子，郤犨想请晋君封给他城邑以示笼络，子叔声伯不接受。回国后，鲍国问他说：“你为什么辞让郤犨为你请封的城邑，是真的要辞让呢，还是知道他办不到？”回答说：“我听说，不是粗大的栋梁，不能承担重压。最重的压力莫过于国家，最好的栋梁莫过于有德了。郤犨想插手晋、鲁两个国家的事务却又没有很高的德行，他的地位不会长久，败亡就在眼前。好比得了疫病，我担心他很快就会垮台的。郤犨有三个败亡的原因：缺少德行却多受晋君宠爱，地位不高却想干预国政，没有大功却要丰厚的俸禄，这些都会招来对他的怨恨。晋厉公为人骄矜，身边有许多奸佞之臣。现在他刚刚战胜楚国回来，一定会论功行赏立新大夫。立了新大夫，却不顺应民众的意愿不能除去他们所厌恶的旧官员。按照民众的意愿，不是招怨多的官员，民众不会首先攻击他。郤犨在三个方面招来怨恨，可以说是够多了。他自身尚且不能保全，怎么还能请求封给别人城邑！”鲍国说：“我确实不及你。倘若我的家族中有什么祸兆，我是不能算计到的，现在你考虑深远而辞让了城邑，你一定会保持住稳固的地位。”

阎没、叔宽谏魏献子无受贿

梗阳人有狱[1]，将不胜，请纳赂于魏献之[2]，献子将许之。阎没谓叔宽曰[3]：“与子谏乎！吾主以不贿闻于诸侯，今以梗阳之贿殃之，不可。”二人朝，而不退。献子将食，问谁于庭，曰：“阎明、叔褒在。”召之，使佐食。比已食，三叹。既饱，献子问焉，曰：“人有言曰：‘唯食可以忘忧。’吾子一食之间而三叹，何也？”同辞对曰：“吾小人也，贪。馈之始至，惧其不足，故叹。中食而自咎也，曰：岂主之食而有不足？是以再叹。主之既已食，愿以小人之腹，为君子之心，属餍而已[4]，是以三叹。”献子曰：“善。”乃辞梗阳人。

[1] 梗阳：魏氏封邑，在今山西清源南。狱：诉讼。 [2] 魏献之：魏舒，晋国的正卿。 [3] 阎没：阎明。叔宽：叔褒。两人都是晋国大夫。 [4] 餍：吃饱。引申为满足。

有个梗阳人与别人打官司，眼看就要败讼，于是就向魏献子纳贿托情，魏献子打算答应下来。他的下属阎没对叔宽说：“我与你一同去劝谏吧！我们的主人一向以不受贿赂闻名于诸侯，现在因为梗阳人行贿而损害了名声，那是万万不可以的。”两人朝见魏献子之后，留在那里不走。魏献子将要吃饭了，问谁还在庭院里，侍从回答说：“阎明、叔褒在。”魏献子叫他俩进来，让他们陪自己一起用膳。两人在吃饭之间，先后叹息了三次。吃完后，魏献子问起这件事，说：“人们常说：‘只有吃东西可以忘记忧愁。’你们在吃一顿饭的时间里叹息了三次，是什么原因呢？”

两人异口同声地答道："我们都是小人，贪心不足。食物刚送上来的时候，担心不够吃，因此叹息。吃到一半，不禁私下责备自己：主人赐给我们食物，哪有不够吃的道理呢？因此再次叹息。等到您吃完了，我们想到，但愿我们小人的胃口，也像君子的心思一样，只要吃饱也就知足了。因此第三次叹息。"魏献子说："讲得好。"于是拒绝了梗阳人的贿赂。

十八、谦虚谨慎

十八、谦虚谨慎

谦虚属于中国伦理思想史上的一个范畴。从字面分析，谦虚两字可分开理解：谦的对应字是盈。朱熹注曰："谦者，有而不居之意。"虚的对应字则是实。谦虚两字组合成词，就是自己有成绩而不以为了不起，不仅对人这么说，而且内心确实觉得是这样。在古人看来，谦虚不是虚伪，而是一种对事业或学问永不满足的态度；谦虚也不是自卑，而是一种不以自己成就而骄盈的自处之道。先秦时期的思想家十分注意向统治阶级及其子弟灌输谦虚谨慎的意识，告诫他们只有本着谦虚谨慎的态度，才能发扬长处，匡正失误，实现国家的大治。本节所选《国语》中的三篇短文，既有这方面的正面范例，也有反面的教训，今人可从中获得宝贵的启迪。

第一篇《师胜而范文子后入》选自《国语》卷十一《晋语》。这篇短文说的是晋国军队在靡笄战役中打败齐国，班师回朝时，上军主将范文子最后入城。他的父亲说，你不知道我迫切地盼望你早点回来吗？为什么这么晚才入城呢？范文子回答道，是郤献子统帅军队打了胜仗，如果我先入城，恐怕国人会把注意力集中到我身上，所以不敢先入城呀。

第二篇《郤献子等各推功于上》也选自《国语》卷十一《晋语》。这篇短文也是讲晋军获得靡笄之战胜利后的事。晋军主帅郤献子、上军主将范文子和下军主将栾武子先后在晋景公面前推辞自己的功劳，而把功劳分别归于国君、主帅和士兵的勇敢，体现了他们胜而不骄的谦虚品质。

第三篇《单襄公论郤至佻天之功》选自《国语》卷二《周语》。这篇短文说的是晋国新军的副帅郤至在鄢陵之役获胜后骄傲狂妄，认为打胜仗全是他个人的功劳。他不仅贬低别人的作用，还自以为可凭战功获得晋国正卿的职位。单襄公在听了郤至的言论后评论道,俗话说“刀架在脖子上”，恐怕就是指郤至这种人吧。君子不自我吹嘘，并非只是为了谦让，而是厌恶这种行为凌驾于他人之上。要想凌驾他人，反而会被排斥得更加厉害。现在郤至贪天之功为己有，这不是太危险了吗？第二年，郤至就被晋厉公杀掉了。这篇短文，为谦虚谨慎提供了一个活生生的反训。

师胜而范文子后入

靡笄之役[1]，郤献子师胜而返[2]，范文子后入[3]。武子曰[4]:“燮乎，女亦知吾望尔也乎？”对曰:“夫师，郤子之师也，其事臧。若先，则恐国人之属耳目于我也，故不敢。”武子曰:“吾知免矣。”

［1］靡笄:齐国山名。公元前589年，齐、晋两国交战，齐军大败。晋军追至靡笄山下。［2］郤献子:即郤克,在这次战役中任晋军主帅。［3］范文子:范燮，在靡笄之役中任上军主将。［4］武子:即晋国正卿范武子，范文子范燮的父亲。

靡笄战役，郤献子打了胜仗班师回国。范文子最后入城。范武子说:“燮儿呀，你也知道我天天在盼望你早点回来吗？”文子回答说:“军队，是主帅郤献子所统帅的军队，打了胜仗。假如我率先凯旋归来，那恐怕国内的人们将会把注意力集中到我身上，所以我不敢这样做。”武子说:“我知道可以免祸了。”

郤献子等各推功于上

靡笄之役，郤献子见，公曰[1]：“子之力也夫！”对曰：“克也以君命命三军之士[2]，三军之士用命，克也何力之有焉？”范文子见，公曰：“子之力也夫！”对曰：“燮也受命于中军[3]，以命上军之士，上军之士用命，燮也何力之有焉？”栾武子见[4]，公曰：“子之力也夫！”对曰：“书也受命于上军，以命下军之士，下军之士用命，书也何力之有焉？”

[1] 公：晋景公，名獳，公元前599年至前581年在位。 [2] 克：郤克，即郤献子。 [3] 燮：范燮，即范文子。 [4] 栾武子：名书，在靡笄战役中任下军的主将。

靡笄之战胜利后，郤献子来进见晋景公，景公说：“这次是你的功劳啊！”献子回答说：“我郤克以君主的命令命令三军将士，三军将士听从命令勇敢战斗，我郤克有什么功劳可言呢？”接着范文子来朝见晋景公。景公说：“这是你的功劳啊！”文子回答说：“我范燮从中军元帅那里接受命令，用来命令上军的将士，上军将士服从命令拼命奋战，我范燮又有什么功劳可言呢？”最后，栾武子也来朝见晋景公。景公说：“这是你的功劳啊！”武子回答说：“我栾书从上军主将那里接受命令，用来命令下军的将士，下军的将士服从命令奋勇杀敌，我栾书又有什么功劳可言呢？

单襄公论郤至佻天之功

晋既克楚于鄢[1]，使郤至告庆于周[2]。未将事，王叔简公饮之酒[3]，交酬好货皆厚，饮酒宴语相说也。明日，王叔子誉诸朝。

郤至见邵桓公[4]，与之语。邵公以告单襄公曰：“王叔子誉温季，以为必相晋国，相晋国必大得诸侯，劝二三君子必先导焉，可以树。今夫子见我，以晋国之克也，为己实谋之，曰：‘微我，晋不战矣！楚有五败，晋不知乘，我则强之。背宋之盟[5]，一也；德薄而以地赂诸侯[6]，二也；弃壮之良而用幼弱，三也；建立卿士而不用其言[7]，四也；夷、郑从之[8]，三陈而不整[9]，五也。罪不由晋，晋得其民，四军之帅[10]，旅力方刚，卒伍治整，诸侯与之。是有五胜也：有辞[11]，一也，得民，二也；军帅强御，三也；行列治整，四也；诸侯辑睦，五也。有一胜犹足用也，有五胜以伐五败，而避之者，非人也。不可以不战。栾、范不欲[12]，我则强之。战而胜，是吾力也。且夫战也微谋，吾有三伐[13]；勇而有礼，反之以仁。吾三逐楚军之卒，勇也；见其君必下而趋，礼也；能获郑伯而赦之，仁也。若是而知晋国之政[14]，楚、越必朝。’

“吾曰：‘子则贤矣。抑晋国之举也，不失其次，吾惧政之未及子也。’谓我曰：‘夫何次之有？昔先大夫荀伯自下军之佐以政[15]，赵宣子未有军行而以政[16]，今栾伯自下军往[17]。是三子也，吾又过于四之无不及。若佐新军而升为政，不亦可乎？将必求之。’是其言也，君以为奚若？”

襄公曰：“人有言曰‘兵在其颈’，其郤至之谓乎！君子不自称也，非以让也，恶其盖人也。夫人性，陵上者也，不可盖也。求盖人，其抑下滋甚，故圣人贵让。且谚曰：‘兽恶其网，民恶其上。’《书》曰[18]：‘民可近也，而不可上也。’《诗》曰[19]：‘恺悌君子，求福不回。’在礼，敌必三让[20]，是则圣人知民之不可加也。故王天下者必先诸民，然后庇焉，则能长利。今郤至在七人之下而欲上之[21]，是求盖七人也，其亦有七怨。怨在小丑，犹不可堪，而况在侈卿乎？其何以待之？

“晋之克也，天有恶于楚也，故儆之以晋。而郤至佻天之功以为己力，不亦难乎？佻天不祥，乘人不义，不祥则天弃之，不义则民叛之。且郤至何三伐之有？夫仁、礼、勇，皆民之为也。以义死用谓之勇，奉义顺则谓之礼，畜义丰功谓之仁。奸仁为佻，奸礼为羞，奸勇为贼。夫战，尽敌为上，守和同顺义为上。故制戎以果毅，制朝以序成。叛战而擅舍郑君，贼也；弃毅行容，羞也；叛国即仇，佻也。有三奸以求替其上，远于得政矣。以吾观之，兵在其颈，不可久也，虽吾王叔未能违难。在《太誓》曰[22]：‘民之所欲，天必从之。’王叔欲郤至，能勿从乎？”

郤至归，明年死难[23]。及伯舆之狱[24]，王叔陈生奔晋。

［1］克楚于鄢：指周简王十一年（前 575 年）晋在鄢陵（今河南鄢陵西南）击败楚军。［2］郤至：晋大夫，在鄢陵之战中是晋新军的副统帅。后文的“温季”亦指他。［3］王叔简公：韦昭注云：“周大夫王叔陈生也。”［4］邵桓公：周大夫，可能就是西周末大夫邵公的后裔。［5］背宋之盟：鲁成公十二年（前 579 年）宋、晋、楚会盟和好，鲁成公十六年（前 575 年）楚联合郑国背盟伐宋。［6］以地赂诸侯：韦昭注云：“楚王德薄，郑人不从，楚以汝阴之田赂郑，郑叛晋从楚也。”［7］不用其言：指交战之前，楚内部的主和派曾劝阻楚背盟行为，楚王没有采纳。［8］夷：指楚方参战的少数民族军队，《左传》称“蛮军”。［9］陈：通“阵”。指由楚国、郑国和夷人三方组成的联军的军阵不严整。［10］四军：晋当时有上、中、下三军与新军，每军设将（统帅）、佐（副统帅）。［11］有辞：指与楚国开战有正当的理由。［12］栾、范不欲：在决战前，中军统帅栾书、副统帅士燮曾对作战方案提出过不同看法。［13］伐：功劳。［14］知：主持。［15］荀伯自下军之

佐以政：指荀林父从下军副帅升任中军统帅。［16］赵宣子：即赵盾，他在晋襄公七年（前621年）任中军统帅。［17］栾伯自下军往：指栾书从下军副帅累升为中军统帅。［18］《书》：此处引文不见今本《尚书》。［19］《诗》：此处所引见《诗·大雅·旱麓》。［20］敌：地位相等者。［21］七人之下：晋四军的次序是中、上、下、新，每军有将、佐。郤至是新军佐，位居最末，所以说他“在七人之下”。［22］《太誓》：《尚书》篇名，相传是周武王伐商在孟津向诸侯发布的誓词。［23］死难：指郤至被晋厉公（公元前580年至前573年在位）所杀。［24］伯舆之狱：周灵王（名泄心，公元前571年至前545年在位）九年，王叔陈生与周大夫伯舆争政，灵王偏向伯舆，王叔陈生因而逃奔晋国。

晋在鄢陵打败楚国后，派郤至向周王告捷。在朝见周王之前，王叔简公设酒宴招待郤至，宾主互赠了厚礼，席间谈笑甚欢。第二天，王叔简公在朝堂上称赞郤至。

郤至会见了邵桓公，与他交谈。邵桓公把谈话的内容告诉单襄公说：“王叔简公称赞郤至，认为他一定能在晋国掌权，而且掌权后定能得到诸侯的拥护，因此王叔简公劝我们各位大臣为郤至多说好话，以便今后在晋国能有所照应。现在郤至来见我，认为晋国这次打败楚国，实际是由于他的谋划，他说：‘如果不是我，晋国就不会打这场战争了。楚有五个失败的因素，晋却不知道利用它，是我坚持主张开战的。楚国违背与宋的盟约，这是一；楚王德行欠缺却以土地贿赂诸侯，这是二；抛弃强壮优秀的将领而用司马子反那样幼稚懦弱的人，这是三；设置了辅臣谋士却不采纳他们的意见，这是四；纠集了蛮夷、郑国参战，三方面的军阵却又不整肃，这是五。首开战端的责任不在晋国，晋得到民众拥护，四支军队的将帅气盛势强，军容严整，诸侯都站在晋国这一边。因此，晋有五个取胜的因素：与楚开战有正当的理由，这是一；得民心，这是二；将帅精悍，这是三；部队号令严明，这是四；与诸侯关系和睦，这是五。晋有一个取胜因素就足以胜楚，以五胜去攻伐五败却还要躲躲闪闪，那不是有作为的人。这一仗非打不可。栾书、士燮不愿开战，是我强使他们下达作战命令的。结果打胜了，这是我的功劳啊！他们在战斗中没有谋略，我有三大功劳：勇而有礼，并以仁爱为本。我三次追逐楚军，这是勇；遇上楚君必定下车快步上前，这是礼；俘获了郑伯又放了他，这是仁。如果让我主持晋国政事的话，楚、越等国一定会称臣来朝。'

"我对郤至说：'你确实有才干。然而晋国提拔官员不会不论位次，所以我以为晋国的政务恐怕还轮不到你来主持。'他对我说：'有什么位次？已经去世的荀伯是从下军之佐升任主政的，赵宣子没有军功也主持了政事，如今栾伯又从下军之佐升为中军主帅。就这三个人来说，我的才能只有超过他们而没有不及的。我以新军之副将升为正卿而主持政事，有什么不行的呢？我一定想法达到目的。'这是他说的话，您以为如何？"

单襄公说："俗话说'刀架在脖子上'，恐怕就是指郤至这种人吧。君子不自我吹嘘，并非为了谦让，而是厌恶这种行为凌驾于他人之上。人的本性，都想超过在已之上的人，所以是无法凌驾的。要想凌驾他人，反而会被排斥得更厉害，所以圣人崇尚礼让。谚语说：'野兽厌恶捕捉它们的罗网，百姓仇视高高在上的官员。'《尚书》说：'百姓可以亲近，却不能凌驾于他们之上。'《诗》说：'温文尔雅的君子，以礼求得万福。'按照礼仪，地位相等应再三谦让，这正因为圣人知道百姓是不可凌驾其上的。所以统治天下的人必须先得到民心，然后方能安稳，因而能长保福禄。如今郤至位在七人之下而想超过他们，这是要凌驾于七人之上，那也就会有七人的怨恨。被小百姓所怨恨，已经难以忍受，更何况那都是有地位的大臣呢？郤至将凭什么来应付呢？

“晋国的这次胜利，是上天憎恶楚国，因此让晋国来警诫他。然而郤至却贪天之功据为己有，这不是太危险了吗？贪天之功不祥，凌驾他人不义，不祥将被上天遗弃，不义会遭百姓叛离。况且郤至哪里有三件功劳呢？他所说的仁、礼、勇，都是百姓所为。为正义而舍身称为勇，遵奉道义而守法称为礼，积累义举而立功称为仁。玷污了仁是佻，玷污了礼是羞，玷污了勇是贼。作战以消灭敌人为准则，以不战而使敌人顺从正义为上策。所以要用刚毅勇敢来治军，要用位爵尊卑来治政。违背作战的准则而擅自释放郑君，这是贼；放弃奋勇的机会而去对楚君行礼，这是羞；背叛了国家的利益而去亲近仇敌，这是佻。郤至有这三种耻辱的行为却想替代在他之上的大臣，离掌权还远着呢。据我看来，刀已经架在了他的脖子上，他不会长久了，恐怕我们的王叔简公也难以免难。《泰誓》上说：‘百姓所希求的，上天必定依从。’王叔简公要连结郤至，能不跟着遭难吗？”

郤至回国后，第二年就被晋厉公杀掉了。后来王叔简公与伯舆争权夺利，因失败而逃奔晋国。

十九、从善如流

十九、从善如流

从善如流中的“流”字可作两种理解。一是，听从好的、正确的意见像流水一样迅速，比喻乐意接受别人的正确意见。二是，寻求、择取好的、正确的意见。《诗·周南·关雎》中有“参差荇菜，左右流之”。就是寻求、择取之义。不管作何种理解，从善如流在先秦时期都被思想家、政治家、教育家视为一国的君主或大臣应当具备的良好品德。能够做到从善如流的君主和大臣，则他们统治管理的国家就可以规避失误，趋于兴旺；反之，则将国政败坏，趋于衰弱甚至灭亡。《国语》的作者非常注重将这种观点灌输给统治阶级的子弟，并且通过一些具体的案例，使他们的教谕更有说服力。本节所选《国语》中的三篇短文，就是这种教谕的三个生动的案例。

第一篇《悼公始合诸侯》选自《国语》卷十三《晋语》。这篇短文讲的是，有一次晋悼公的弟弟公子扬干驾车扰乱了军队的行列，中军司马魏绛当即杀了公子扬干的车夫以整肃纪律。晋悼公十分生气，准备把魏绛抓来问罪。魏绛致信给晋悼公说，我是中军的司马，而军队服从命令才能显示出力量。君主如果因此而不高兴，我愿请求一死。晋悼公读完此信后赶紧光着脚跑出来向他道歉，并晋升他为新军副帅。

第二篇《范宣子与和大夫争田》选自《国语》卷十四《晋语》。这篇短文讲的是晋国贵族范宣子与和大夫为争夺田地而闹矛盾，范宣子想用武力解决争端，为此先后征询了几位大夫和家臣们的意见，最终听从了其中的正确主张，让给和大夫田地，晋国也由此避免了一场内乱。

第三篇《邵公谏厉王弭谤》选自《国语》卷一《周语》。这是先秦时期我国古代文籍中的一篇经典性的范文。说的是周厉王暴虐无道，还不准民众批评指责。邵公为此向他恳切规谏，痛陈周厉王在政治上实行高压政策的弊害，劝告他只有改弦更张才能维持统治。但周厉王拒绝一切正确的批评，最终被国人放逐了。这篇短文为我们提供的是一个从善如流的反训。

悼公始合诸侯

始合诸侯于虚朾以救宋[1]，使张老延君誉于四方[2]，且观道逆者。吕宣子卒[3]，公以赵文子为文也[4]，而能恤大事，使佐新军。三年[5]，公始合诸侯。四年，诸侯会于鸡丘[6]，于是乎布命、结援、修好、申盟而还。令狐文子卒[7]，公以魏绛为不犯，使佐新军。使张老为司马，使范献子为候奄[8]。公誉达于戎[9]。五年，诸戎来请服，使魏庄子盟之[10]，于是乎始复霸。

四年，会诸侯于鸡丘，魏绛为中军司马，公子扬干乱行于曲梁[11]，魏绛斩其仆。公谓羊舌赤曰[12]：“寡人属诸侯，魏绛戮寡人之弟，为我勿失[13]。”赤对曰：“臣闻绛之志，有事不避难，有罪不避刑，其将来辞。”言终，魏绛至，授仆人书而伏剑。士鲂、张老交止之。仆人授公，公读书曰：“臣诛于扬干，不忘其死。日君乏使，使臣狃中军之司马。臣闻师众以顺为武，军事有死无犯为敬，君合诸侯，臣敢不敬，君不说，请死之。”公跣而出，曰：“寡人之言，兄弟之礼也。子之诛，军旅之事也，请无重寡人之过。”反役[14]，与之礼食，令之佐新军。

[1]虚朾：宋地名，确址不详。旧传在今山东泗水县境。一说在今河南睢县。[2]张老：晋国大夫。延君誉：宣扬晋君的声誉。[3]吕宣子：

即吕相。晋国下军的主帅。［4］赵文子：即赵武，赵盾的孙子。为文：有文德。［5］三年：指晋悼公三年（前 570 年）。［6］鸡丘：晋地名，在今河北邯郸东南。［7］令狐文子：即魏颉。晋国新军元帅。［8］候奄：军中负责侦探谍报的官。［9］戎：邻近晋国的少数民族。［10］魏庄子：即魏绛，时任晋国的中军司马。［11］扬干：晋悼公的弟弟。乱行：扰乱军队的行列。曲梁：晋地名，在今河北省邯郸东南附近。［12］羊舌赤：即铜鞮伯华，晋国大夫。［13］为我勿失：给我抓起来，不要让他跑了。［14］反：返。役：事。指参加鸡丘盟会。

晋悼公初次会合诸侯是在虚朾，目的是援救宋国。他派遣张老到各诸侯国去宣扬国君的声誉，并且观察哪些诸侯是有德的，哪些诸侯是逆乱的。吕宣子死，悼公认为赵文子有文德，而且能够关心军国大事，便派他辅佐新军。悼公三年，悼公开始会合各国诸侯。悼公四年，诸侯在鸡丘会盟，于是就发布命令，缔结援助条约，加强友好，重申盟约，然后回国。令狐文子死，悼公认为魏绛军纪严整，派他辅佐新军。任命张老为司马，范献子为候奄。悼公的声誉传到了戎族部落。悼公五年，各戎族部落前来请求归服，悼公派魏庄子与他们结盟，于是晋国开始重新称霸诸侯。

悼公四年，在鸡丘会盟诸侯，当时魏绛任中军司马，公子扬干在曲梁扰乱了军队的行列，魏绛杀了他的车夫。悼公对羊舌赤说："寡人会合诸侯，魏绛却羞辱寡人的弟弟，给我抓起来，不要让他跑掉。"羊舌赤回答说："我听说魏绛的志向，他遇事不避危难，有了罪过不避刑罚，恐怕他会自己来说明情况。"话刚说完，魏绛就到了，他把信交给仆人，就准备拔剑自刎。士鲂和张老一齐劝阻他。仆人把信交给了悼公，悼公读了他的信，内容说："我惩罚扬干，知道犯了死罪。日前国君缺乏使唤的人，让我担任中军的司马。我听说军队服从命令才能显出力量，宁死不犯军法才是敬肃。君主会合诸侯，我怎敢不敬奉职守？君主为此不高兴，我愿请求一死。”悼公光着脚赶紧跑出来，说：“寡人所说的话，是出于兄弟之礼。你对扬干的治罪，是按军法办事，请您不要加重寡人的过错。”从盟会回国后，悼公在太庙设宴招待魏绛，任命他为新军副帅。

范宣子与和大夫争田

范宣子与和大夫争田[1]，久而无成。宣子欲攻之，问于伯华[2]。伯华曰：“外有军，内有事。赤也，外事也，不敢侵官。且吾子之心有出焉，可征讯也。”问于孙林甫[3]，孙林甫曰：“旅人，所以事子也，唯事是待。”问于张老，张老曰：“老也以军事承子，非戎，则非吾所知也。”问于祁奚，祁奚曰：“公族之不恭，公室之有回，内事之邪，大夫之贪，是吾罪也。若以君官从子之私，惧子之应且憎也。”问于籍偃[4]，籍偃曰：“偃也以斧钺从于张孟，日听命焉，若夫子之命也，何二之有？释夫子而举，是反吾子也。”问于叔鱼，叔鱼曰：“待吾为子杀之。”

叔向闻之，见宣子曰：“闻子与和未宁，遍问于大夫，又无决，盍访之訾祏[5]。訾祏实直而博，直能端辨之，博能上下比之，且吾子之家老也。吾闻国家有大事，必顺于典刑，而访谘于耇老，而后行之。”司马侯见[6]，曰：“吾闻子有和之怒，吾以为不信。诸侯皆有二心，是之不忧，而怒和大夫，非子之任也。”祁午见，曰：“晋为诸侯盟主，子为正卿，若能靖端诸侯，使服听命于晋，晋国其谁不为子从，何必和？盍密和，和大以平小乎！”

宣子问于訾祏，訾祏对曰：“昔隰叔子违周难于晋国[7]，生子舆为理[8]，以正于朝，朝无奸官；为司空，以正于国，国无败绩。世及武子[9]，佐文、襄为诸侯[10]，诸侯无二心。及为卿，以辅成、景[11]，军无败政。及为成师[12]，居太傅，端刑法，缉训典，国无奸民，后之人可则，是以受随、范[13]。及文子成晋、荆之盟[14]，丰兄弟之国，使无有间隙，是以受郇、栎[15]。今吾子嗣位，于朝无奸行，于国无邪民，于是无四方之患，而无外内之忧，赖三子之功而飨其禄位。今既无事矣，而非和，于是加宠，将何治为？”宣子说，乃益和田而与之和。

［1］范宣子：即范匄，时任晋国正卿。和大夫：晋国和邑的大夫。［2］伯华：即羊舌赤，伯华是他的字。［3］孙林甫：即孙文子，原为卫国大夫，后因内乱叛卫至晋。［4］籍偃：即籍游，晋国上军司马。［5］訾祏：范宣子的家臣。［6］司马侯：即汝叔齐，晋国大夫。［7］隰叔子：杜伯的儿子。周宣王杀杜伯，隰叔子避难至晋国。［8］子舆：即士芀，字子舆，晋国大夫。［9］武子：即范武子，名士会，是士芀的孙子。［10］文、襄：晋文公、晋襄公。［11］成、景：晋成公、晋景公。［12］成：当为“景”。韦昭注：“此‘成’当为‘景’字误耳。”鲁宣九年，晋成公卒，至十六年，晋景公请于王，以黻冕命士会将中军，且为太傅。［13］随、范：晋邑名，士会的封邑。他初封随，故称随武子，后改封范，故称范武子。随在今山西介休东南。范，其地不详。顾栋高《春秋大事表》认为在山东范县（今已废），但不可信。［14］文子：范文子，名士燮。晋、荆之盟：指鲁成公十二年（前579年）晋国派范文子至宋国西门之外和楚国结盟。［15］郇、栎：晋国邑名，范文子的封邑。郇在今山西临猗西南。栎在今河北，顾祖禹《读史方舆纪要》谓在临潼北，不可信。

范宣子与和大夫争讼田地的边界，很久没有解决争端。宣子想攻打他，询问伯华。伯华说：“对外有军事行动，对内有政事。我是管对外军事行动的，不敢侵犯职权干涉内政。您如果有心对外用兵，可以把我召来询问。”问到孙林甫，孙林甫说：“我是客居晋国的人，是事奉您的，只等待着为您做事。”问到张老，张老说：“我从军事上辅佐您，不是军事问题，就不是我所知道的了。”问到祁奚，祁奚说：“公族中有不恭敬的事，公室中有不公正的事，朝廷里的事不正当，大夫们贪得无厌，这是我的罪过。如果作为国君的官而给您办私事，那么恐怕您表面上应承我，而内心却要憎恨我。”问到籍偃，籍偃说：“我是为张老执掌刑法的，每天都听他的命令，如果是他的命令，那还有什么二话可说的？丢开张老的命令而擅自行动，那也就违反了您的命令。”问到叔鱼，叔鱼说：“等我替你杀了他。”

叔向听说后，去见宣子说：“听说您与和大夫的事没有平息，问遍了大夫们，仍没有一个解决办法，何不去询访訾祏。訾祏正直而且知识渊博，正直就能公正地分辨是非，知识渊博就能上下进行比较，而且他又是您的老家臣。我听说国家发生大事，一定要遵循常规办事，还要寻访咨询年老的长者，然后才能行动。”司马侯来进见宣子，说：“我听说您对和大夫很恼怒，我不相信有这回事。诸侯们对晋国有二心，您不忧虑这个，反而恼怒和大夫，这不是您应该做的。”祁午来进见，说：“晋国是诸侯的盟主，您是正卿，如果能够平定端正诸侯，使他们归顺听从晋国的命令，那晋国还有谁不听从您，岂止是和大夫呢？何不同他亲密和好，用大德来平息小怨呢！”

宣子问到訾祏，訾祏回答说：“从前隰叔子躲避周难到了晋国，生下子舆当了法官，整肃朝政，朝廷没有奸佞的官员；当了司空，治理国家，国家没有败坏的功业。传到范武子，辅佐文公、襄公称霸诸侯，诸侯没有二心。等做了卿，辅佐成公、景公，军队中没有败坏的政事。及至做了景公的军师，官居太傅，端正刑法，汇合训导的法规，国中没有奸刁的百姓，后人可以遵从效法，因此受封随、范二邑。到范文子时，完成了晋、楚的会盟，加深了兄弟国家间的友谊，使各国之间没有嫌隙，因此受封郇、栎二邑。现在您继承了职位，在朝中没有奸诈的行为，国内没有邪恶的百姓，此时四方没有灾害，又没有外患内忧，仰赖着三位先辈的功劳享受禄位。如今国家太平无事，您却怨恨和大夫，如果此时君王加宠于您，您将怎样治理国事呢？”宣子听了很高兴，于是就多给和大夫田地与他和好。

邵公谏厉王弭谤

厉王虐[1]，国人谤王[2]。邵公告曰[3]：“民不堪命矣！”王怒，得卫巫[4]，使监谤者，以告则杀之。国人莫敢言，道路以目[5]。王喜，告召公曰：“吾能弭谤矣，乃不敢言。”邵公曰：“是障之也。防民之口，甚于防川。川壅而溃，伤人必多，民亦如之。是故为川者决之使导，为民者宣之使言。故天子听政，使公卿至于列士献诗[6]，瞽献曲[7]，史献书[8]，师箴[9]，瞍赋，矇诵，百工谏[10]，庶人传语，近臣尽规，亲戚补察，瞽、史教诲，耆、艾修之[11]，而后王斟酌焉，是以事行而不悖。民之有口，犹土之有山川也，财用于是乎出；犹其原隰之有衍沃也，衣食于是乎生。口之宣言也，善败于是乎兴，行善而备败，其所以阜财用、衣食者也。夫民虑之于心而宣之于口，成而行之，胡可壅也？若壅其口，其与能几何？”王不听，于是国莫敢出言，三年，乃流王于彘[12]。

［1］厉王：西周国君，名胡，周恭王的曾孙。［2］国人：当时对居于国都的人的通称。这些人一般是自由民，有参与议论国事的权利。谤：批评。［3］邵公：亦作“召公”。西周初召公奭的后代，名虎，当时在朝廷中担任卿士。因封于召（今陕西岐山西南），故称召公。［4］卫巫：卫地（今

河南淇县一带）的巫师。［5］以目：以眼光来示意。［6］公卿：朝廷的高级官员。列士：朝廷的低级官员。献诗：献呈民间的诗歌以了解民意。［7］瞽（gǔ）：乐官。献曲：献呈民间的乐曲。［8］史：史官。献书：献呈史书。［9］师：师氏的简称，《周礼》以之为教国子之官。［10］百工：主管营建制造等事务的官职。［11］耆（qí）、艾：指老年人、老臣。［12］彘：地名，今山西霍县。指国人暴动，将厉王流放到彘地。据记载，这件事发生在公元前842年。

周厉王暴虐无道，国人都指责他。召公报告说："民众承受不了了。"厉王很生气，找来卫地的巫师，派他监视指责天子的人，卫巫报告后便杀掉他们。从此国人没有谁敢说话，路上遇见只用眼色来示意。厉王很高兴，对召公说："我能禁止诽谤了，这些人不敢讲了。"召公说："这是你堵住了他们的嘴巴。堵住民众的嘴巴，比堵塞河流还要可怕。河流若被堵住而决口，伤害的人一定多，民众也是如此。因此治理河道的人要排除堵塞，让水流畅通，治理民众的人要引导百姓说话。所以，天子处理政事，要让列卿列士献呈民间诗歌，乐官献呈民间乐曲，史官献呈史书，师氏进箴言，瞍者朗诵，矇者吟咏，百工劝谏，平民的议论上达，近臣尽心规劝，宗室姻亲补过纠偏，乐官、史官施行教诲，元老重臣劝诫监督，然后天子再斟酌取舍，因此政事才能施行而不与情理相违背。民众有嘴可以说话，好比土地上有山岭河流一样，钱财开支就从这里产生出来；好比高低起伏的大地上有平川沃野一样，衣服食物就从这里产生出来。能口出议论，政事的好与坏能借以反映，才可做好事而防止坏事，方能使财源旺盛、衣食富足。民众心里所考虑的在口头上流露出来，这是很自然的行为，怎么可以强行阻止呢？如果堵住他们的嘴巴，那么还能支撑多久呢？"厉王不听劝告，于是国都里没有人敢说话，过了三年，国人便把厉王放逐到彘地去了。

二十、嫉恶如仇

二十、嫉恶如仇

如果说，从善如流的道德命题体现的是人们对真善美的自觉追求，那么，与之相对应的嫉恶如仇的道德命题体现的则是人们对假丑恶的自觉回避和斗争。即使在高度强调“仁爱”的儒家看来，这种“爱”也应该是有原则的。在爱其所当爱的同时，还要恨其所当恨。孔子认为，“唯仁者能好人，能恶人”（《论语·里仁》）。这里，“仁”是决定当爱或当恨的原则。先哲还认为，“君子之爱人也以德，细人（即小人）之爱人也以姑息”（《礼记·檀弓上》）。因此，对丑恶的道德现象的姑息退让决不是爱的本意。与先秦时期思想家、教育家的上述见解相呼应，在成书于该时期的《国语》中，既有对当时社会中高尚品行的肯定和赞美，也不乏对那些丑陋邪恶现象的无情揭露和鞭挞，体现了作者鲜明的憎爱观。本节所选《国语》中的两篇短文，为我们生动地勾画了古人嫉恶如仇的可贵的道德品质。

第一篇《里革更书逐莒太子仆》选自《国语》卷四《鲁语》。仆是莒国国君纪公的儿子，曾一度被纪公立为太子。后纪公欲改立次子，仆竟然在私欲驱动下残忍地杀害了生身父亲，携带莒国的宝物投奔鲁国。鲁宣公准备厚赏他，太史里革却冒着死罪的危险改写公文，将太子仆放逐到东夷，并使鲁宣公认识了自己的错误。

第二篇《叔向论三奸同罪》选自《国语》卷十五《晋语》。说的是晋国大夫邢侯与雍子争夺田产，雍子为了得到土地，将女儿嫁给晋国的法官叔鱼，叔鱼于是就枉法把田产判给雍子。邢侯一气之下，公然在朝堂上杀了叔鱼和雍子。晋国的国卿韩宣子不知如何处理这件事，大夫叔向进言，认为这三个奸人的罪行相同，都应当予以严惩。

以上两篇短文中，里革与叔向嫉恶如仇的作为都可圈可点。里革的可贵之处在于，他冒着违抗国君的死罪毅然改写公文，把犯有杀父和叛国之罪的邪恶之徒仆给放逐了。而叔向的可贵之处，则在于他准确地界定了叔鱼、雍子和邢侯的罪名，最终使这三个奸人被绳之以法。尤其要提及的是，叔鱼是他的同母弟，称得上血亲了，但叔向却毫不偏袒，照样依法量刑，真实地反映了他嫉恶如仇的可贵品质。

里革更书逐莒太子仆

莒太子仆弑纪公[1]，以其宝来奔。宣公使仆人以书命季文子曰[2]，“夫莒太子不惮以吾故杀其君，而以其宝来，其爱我甚矣。为我予之邑。今日必授，无逆命矣。”里革遇之而更其书曰[3]：夫莒太子杀其君而窃其宝来，不识穷固又求自迩[4]，为我流之于夷[5]。今日必通，无逆命矣。”明日，有司复命，公诘之，仆人以里革对。公执之，曰：“违君命者，女亦闻之乎？”对曰：“臣以死奋笔，奚啻闻之也！臣闻之曰：‘毁则者为贼，掩贼者为藏，窃宝者为宄，用宄之财者为奸。’使君为藏奸者，不可不去也。臣违君命者，亦不可不杀也。”公曰：“寡人实贪，非子之罪。”乃舍之。

［1］太子仆：莒国纪公之子。纪公先立仆为太子，后又欲立次子季佗而废掉仆，所以太子仆把纪公杀了。［2］宣公：鲁文公之子，名倭，公元前608年至前591年在位。季文子，鲁国正卿季孙行父。［3］里革：名克，鲁国太史。更其书：修改公文。［4］穷固：穷凶顽固。迩：接近。［5］夷：中国古代对东方各族的泛称，亦称东夷。

莒国的太子仆杀了纪公，带着宝物来投奔鲁国。鲁宣公派仆人拿着公文去命令季文子说：“莒太子为了我无所顾忌地杀了他的国君，并带着他的宝物来投奔，他对我太好了。替我封给他采邑，今天必须执行，不得违抗命令。”里革遇见仆人，把公文的内容改为：“莒太子杀了他的国君，并偷窃了他的宝物来投奔，他不认识自己的穷凶顽固还想来接近我们，替我把他放逐到东夷去。今天必须执行，不得违抗命令。”次日，有关官员汇报命令执行情况，宣公责问他们，仆人便把里革的事告诉了宣公。宣公把里革抓来问道：“违抗国君命令该当何罪，你听说过吗？”里革回答说：“我拼着一死奋笔改写公文，岂止是听说！我还听说过：‘破坏法纪的人是乱贼，掩匿乱贼的人是窝主，窃取财宝的人是内盗，用内盗财宝的人是奸邪。’会使国君成为窝主、奸邪的人，是不能不除去的。我违抗了国君的命令，也不能不处死。”宣公说：“我确实太贪心，不是你的罪过。”于是赦免了里革。

叔向论三奸同罪

士景伯如楚[1]，叔鱼为赞理[2]。邢侯与雍子争田[3]，雍子纳其女于叔鱼以求直。及断狱之日，叔鱼抑邢侯，邢侯杀叔鱼与雍子于朝。韩宣子患之[4]，叔向曰：“三奸同罪，请杀其生者而戮其死者。”宣子曰：“若何？”对曰：“鲋也鬻狱[5]，雍子贾之以其子，邢侯非其官也而干之[6]。夫以回鬻国之中，与绝亲以买直，与非司寇而擅杀，其罪一也。”邢侯闻之，逃。遂施邢侯氏，而尸叔鱼与雍子于市。

［1］士景伯：士弥牟，晋国的刑法官。［2］叔鱼：晋国大夫，叔向的同母弟，又叫羊舌鲋。赞理：指代理士景伯审判案件。［3］邢侯：晋国大夫。雍子：晋国大夫。［4］韩宣子：韩起，晋国正卿。宣子是他的谥号。患之：为处理这件事而感到为难。［5］鲋：羊舌鲋，即叔鱼。鬻：出卖。狱：讼事。［6］其官：指法官。干之：干预司法过程。

士景伯到楚国去出访，由叔鱼代理他审理案件。邢侯和雍子争夺田地，雍子把自己的女儿嫁给叔鱼，以求得诉讼的胜利。等到判决的那天，叔鱼枉法判决邢侯败诉，邢侯在朝廷上杀了叔鱼和雍子。韩宣子忧虑这件事，叔向说："三个奸人罪状相同，请杀了活着的人，把死了的陈尸示众。"宣子问："为什么要这样？"叔向回答说："叔鱼贪赃枉法，雍子用女儿收买法官，邢侯不是法官而干预刑法。以奸邪出卖国家的法律，和弃绝亲人来换得胜诉，与不是法官而擅自杀人，其罪状都是相同的。"邢侯听说后，赶紧逃了。于是就处罚邢侯家属，并把叔鱼和雍子的尸体陈列在市场上示众。

邬国义

华东师范大学历史系终身教授、博士生导师。1951年生，浙江奉化人。1978年入华东师范大学历史系，1988年获历史学博士学位。主要研究领域为中国史学史、近现代学术史、历史文献学、明清以来中西文化交流等。著有《历史的碎片 国义文存》（一集、二集）；编校整理有《国语译注》《资治通鉴（附考异）》《史学通论四种合刊》《王国维早期讲义》《冯承钧学术著作集》等多种。

胡果文

上海交通大学人文学院教授。1948年生，江苏镇江人。1978年入华东师范大学历史系。曾任上海交大思想政治理论教育中心副主任、中国行政管理学会理事、上海行政管理教学研究会理事兼副秘书长。著有《中外人事制度比较》《国语选评》等。

名家精译史学经典

《国语选译》

《战国策选译》

《左传选译》

《史记选译》

《汉书选译》

《后汉书选译》

《三国志选译》

《资治通鉴选译》